自制力

活得更高级的人生标配

许文艳◎编著

台海出版社

图书在版编目（CIP）数据

自制力：活得更高级的人生标配 / 许文艳编著. —北京：台海出版社，2020.1

ISBN 978-7-5168-2466-5

Ⅰ.①自… Ⅱ.①许… Ⅲ.①成功心理—通俗读物 Ⅳ.①B848.4-49

中国版本图书馆 CIP 数据核字（2019）第 232967 号

自制力：活得更高级的人生标配

ZIZHILI HUODE GENG GAOJI DE RENSHENG BIAOPEI

编　　著：许文艳

责任编辑：徐　玥　　　　装帧设计：胡椒设计

责任印制：蔡　旭

出版发行：台海出版社

地　址：北京市东城区景山东街 20 号　邮政编码：100009

电　话：010-64041652（发行，邮购）

传　真：010-84045799（总编室）

网　址：www.taimeng.org.cn/thcbs/default.htm

E-mail：thcbs@126.com

经　销：全国各地新华书店

印　刷：天津旭非印刷有限公司

本书如有破损、缺页、装订错误，请与本社联系调换

开　本：710mm×1000mm　1/16

字　数：150 千字　　　　印　张：14

版　次：2020 年 1 月第 1 版　　　　印　次：2020 年 1 月第 1 次印刷

书　号：ISBN 978-7-5168-2466-5

定　价：45.00 元

前言
Preface

现实生活中，人们会为自己的未来设置一个目标，努力去追逐，确认生命的价值，不至于对虚度人生感到恐慌。但有些人一方面追逐目标，另一方面又不愿意付出辛苦，两种情绪在他们身体里面不停地斗争。放任还是自制，这是个问题。

现代快节奏的生活让人们承受很大的压力，而诱惑无处不在，使人们变得浮躁不安。看着别人成功也梦想着自己能够一举成名或者一夜暴富，可是成功的人还是少数，大多数人依然徘徊在梦想的边缘。

追逐梦想的人生旅途上充满艰难和险阻，遍布着荆棘和狂风暴雨。面对困难，很多人选择退缩，在现实色彩斑斓的诱惑下堕落，在追名逐利的过程中放纵，通过各种方式麻醉自己的灵魂。他们失去前进的方向，不知道该何去何从，不知道该做些什么，这就是迷茫。当人们迷茫的时候，想做些事情来缓解、掩盖和躲避自己烦躁、空虚的心情。

人们懂得只有排除万难去追逐梦想，才可以收获成功，但是各方面的原因让他们放弃梦想，进入自欺欺人的境界，做着损人不利己的事情，陷入深深的迷茫里。

拥有坚强的自制力，控制住自己的感情、性格、欲望等，经常检查自己的行为，对错误进行反省，行动起来，努力改正错误，才可以有效地管理生活，管理人生，走出迷茫。

是否拥有自制力会对人们的生活和命运产生极大的影响，拥有自制力可以让人们坚定不移地向着梦想前进，对生活有更深层次的探索和思考；可以排除心中的不良情绪，做到有才不张扬，有智不显露，与别人建立良好的人际关系，拥有更高的情商。

现实社会里，大多数人处在迷茫状态，他们拥有出众的容貌、傲人的学历和满腹经纶，却屡战屡败，无法达到他们想要的目标，开始怀疑自己的能力。究其原因就是没有自制力，想的太多而做的太少，放纵自己的坏情绪，最后一事无成。

每个人的命运都掌握在自己手里，不要把宝贵的时间和精力用在推卸责任上，给自己找各种逃避的借口。借口就像美丽的肥皂泡一样，散发着耀眼的光芒，但是很快就会破灭。谨记自己的义务和责任，增强自制力，摆脱迷茫的束缚，成功总是会光顾那些愿意为之付出努力的人们。

本书用很多事例告诉人们，你的迷茫，是因为自制力不强。本书将告诉你如何摆脱迷茫，把自制变成一种习惯，从而更好地提升自己。

天上不会掉馅饼，没有付出就不会有得到。行动起来，走出迷茫，坚持不懈地克服自己的惰性，战胜自己的拖延，超越自己的散漫，用自制力营造一个宽松的生存环境，一步一个脚印地走向成功。

目录

Contents

第一章

你之所以迷茫，皆因自制力不强

071 第三章

一旦拥有梦想，你终将势不可挡

107 第四章 每一次历练，都能帮你提升自制力

143 第五章

用自制力护航，决不让幸福沦为空想

185 第六章 告别迷茫，活出精彩的自己

第一章

你之所以迷茫，皆因自制力不强

每个人的命运都掌控在自己手里，在追求成功的道路上会遇到各种困难和险阻。失败者选择退缩，不知道何去何从，陷入迷茫的泥潭里；成功者用自信点燃生命的明灯，揭开前进路上的迷雾，登上成功的彼岸。

扬起自信的风帆，穿越生命的险滩

自信是一种潜在的强大力量，是人们获得成功的秘诀。它可以让懦弱的人变得强大，让胆小的人勇敢地面对现实，让平凡的人做出惊人的事业。没有自信心的人就算拥有出众的才能、优良的天赋，也无法获得成功。

古希腊的哲学家苏格拉底临终前有个愿望，想找一个优秀的关门弟子，他把这个任务派给最得力的助手。

这位忠诚又勤奋的助手想尽一切办法，通过各种渠道，历经千辛万苦领回来一个又一个他认为适合的弟子，都被苏格拉底婉言拒绝。

半年后，眼看苏格拉底的身体越来越差，就要告别人世，可是关门弟子还没有找到。助手站在苏格拉底的床前，看着失望的苏格拉底，不禁哭起来，惭愧地说："对不起您了，我让您失望，没有帮您找到满意的弟子。"

"失望的是我，你对不起的是你自己。"苏格拉底看着眼前优秀的助手，失望地闭上眼睛，停顿了一会儿，哀怨地说："你不知道最优秀的那个人就是你自己吗？可惜你不相信自己，把自己给忽略了，唉！”伴随着一连串叹息，一代哲人带着遗憾离开了人世。

自信与财富、出身相比更有力量，是我们行走在人生旅途上最大的资本，可以帮我们排除人生路上的各种障碍，克服各种困难，让我们获得成功。自信的人会勇敢地承认自己的魅力、相信自己的能力，可以大胆、沉着、冷静地处理各种问题，自信的人外表看上去开朗、活泼，让人乐于亲近。

自信是一种良好的感觉，对自身能力的认可，相信自己可以完成某件事，实现自己的目标，可以让人们遇到困难时不会轻言放弃，全力以赴地做事。

一位女歌手第一次参加音乐会，想到马上要面对上万名观众，她紧张得手心里直冒汗。

她站在舞台等待区胡思乱想：“如果在舞台上我忘记歌词怎么办？我怎么面对那些观众？他们会怎么看我？”她越想越紧张，心跳得越来越厉害。她回头看了看舞台出口，想逃离这个让她焦虑的地方。

这时，一位前辈走过来，把一个纸卷塞到她手里，轻声说：“这上面写着你要唱的歌词，如果在台上忘记词，就打开看看。”她紧紧地握住纸条，像握着一根救命稻草，心里踏实了很多。

演唱开始了，她握着纸卷走上舞台，站在舞台中央放声歌唱，发挥出超常的水平，得到满堂喝彩。她的演唱获得圆满成功。

她高兴地走下舞台，来到那位前辈面前，说：“谢谢您的纸条，要不然我都不知道该如何走上台，更别说获得演唱成功了。”

前辈笑着说：“你应该感谢自己，是你找到自信，战胜了胆怯，才有了你的成就。其实，我给你的只是一张白纸，上面没有字。”

女歌手惊讶地打开手中的纸卷，发现上面果然一个字也没有。

后来，在她的人生之路上，她自信地战胜一个又一个困难，取得了更多的成功。她明白一个道理：要取得成功就要相信自己！

现实生活中，每个人或多或少都会有点自卑，拿自己与别人比较，羡慕别人的长处，忽略自身的优点。我们应该正确看待自身的能力，接受生命中的不完美因素，接受现实，客观地看待自己，不要因为主观的意志给自己逃避现实的机会。

缺乏自信心的人不敢正视自己，害怕面对残酷的现实，为了利益或者为了躲避现实的责任，违心地奉承别人。他们嫉妒别人得到的成绩，看到别人努力付出却没有收获成功，会幸灾乐祸，认为别人辛苦付出是浪费时间和精力，所以放任自己过着不思进取的生活。

这些人因为自卑或者自负，不接受现实又不愿意改正，用语言和行动攻击别人，来体现自己的“强大”，最后沦为社会上的“垃圾人”，伤害别人的同时也伤害自己。他们知道自己的人格缺陷却又不愿约束自己的行为，陷入人生的低谷无法自拔。

有位智者说过：“自信，对于一个人来说非常重要，如果缺乏自信，就像一个人没有灵魂似的，终日徘徊在痛苦的泥潭里。”

一位年轻的企业老总陷入债务危机，债主们上门逼债，眼看他的公司因为巨大的债务问题面临倒闭。

一天，老总坐在公园的长椅上，颓丧地低着头。他觉得前途一片渺茫，不知如何解决公司危机，他甚至有把公司卖掉偿还债务的念头。他不甘心多年的付出化为乌有，觉得公司还有希望，却不知道希望在哪里，他陷入迷茫中。

这时，一位老人走到他面前对他说：“年轻人，你是不是遇到了困难？”老总抬起头来，向老人说出烦恼。老人听完后说：“看来我能帮助你。”

老人拿出一张支票，询问老总的名字，然后写了上去，说：“你拿这张支票解决眼前的困难，明年这个时候在这里把钱还给我就行。”说完，老人转身离开，消失在远方。

老总看着手上一百万元的支票，愣住了，支票落款是一位富豪的名字。老总意识到，如果兑现这张支票，他可以马上解决公司的债务危机。

他考虑了很久，决定还是靠自己解决公司的危机，他没有去兑现这张百万元支票。

老总重新调整公司的架构，用乐观的态度处理公司事务，与债主们进行商谈，取得他们的理解，重新签订协议。几个月后，他解决了公司的经济危机，生意有了好转。

人处在低潮期的时候，看任何事物都很悲观，想用逃避现实来解决困难，最终将一败涂地。我们应该用积极的思维代替消极的思维，找回自信，发挥特长和优势，才能够改变眼前的困难，走出低潮期。

很多人都拥有无限的潜能，但是欠缺一种自我挖掘的精神和毅力。自信的人可以把这种潜能和才华发挥到极致，到达人生的巅峰；而不自信的人会陷入深深的迷茫里，终生碌碌无为。当我们感到迷茫、为自己的一无是处叹息时，就要开始认真思考该何去何从。

那位老总的故事还没完结：

一年后，年轻老总拿着没有兑现的那张支票，按时来到公园。他看见老人坐在公园的长椅上，激动地走上前，准备把支票还给老人，再说些感谢的话。突然，一个护士出现了，并且抓住老人。

看着愣在一边拿着支票的老总，护士抱歉地说："对不起，打扰你了，这是我们院里跑出来的精神病患者。他经常给别人乱开支票，说自己是位富豪。"说完，护士搀扶着老人离开。

老总站在那里，惊讶地看着眼前发生的一幕，然后笑了。他看着手里的支票，这张给他带来自信和能力并让公司走出困境的支票原来是假的。

自信给老总带来强大的力量，这种力量源于他高尚的人格、渊博的知识和坚定的信念，如此强大的自信心，使他有了面对困难的勇气和解决困难的智慧。一张无效的支票让他找到自信，走出人生低潮，解救了自己和公司。

人生的航船需要自己来掌舵，让我们扬起自信的风帆，用自制力克服种种困难，乘风破浪，穿越生命的层层险滩和暗礁，勇敢前行，抵达成功的彼岸。

借口永远是弱者逃避现实的理由

美国作家理查德·泰勒说过："你若不想做，会找到一个借口；

你若想做，就会找到一个方法。”

用借口编织出来的美丽云彩，成为人们推卸责任、掩饰自己弱点的“万能神器”，让人们暂时逃避了困难和责任，获得短时间的心理安慰，但问题并不会因为借口而消失。

经常利用借口逃避现实的人，会养成一种坏习惯——遇到困难就退缩。借口需要人们付出昂贵的代价，让那些找借口的人丧失执行能力，离梦想越来越远。

人生旅途中，每个人都有取得成功的可能，在通往成功的路上会出现两条路：一条路是“借口”，另一路是“方法”。失败的人会选择“借口”来逃避现实，成功的人会选择“方法”去挑战困难，世上就有了失败者和成功者。

选择“借口”的人，遇到困难找各种借口逃避，告诉人们：“不是我不行，而是各种原因我才不行的。”选择“方法”的人会寻找各种走向成功的方法，用强大的自制力保证方法的执行，解决通往成功路上的一个又一个困难，获得成功。

世界名著《钢铁是怎样炼成的》里有这样一个故事：

一天，人们聚在一起辩论。有个人说：“习惯比人厉害，坏习惯一旦养成就改不掉了。”他的话引起大家的争论，大多数人表示赞同。可是保尔不同意这种说法，他觉得人应该支配习惯，而不能让习惯支配人，不然人就成了习惯的奴隶，得出“习惯比人厉害”这样可笑的结论，是人们为失败找借口。

这时，有人讥讽地看着保尔，挖苦道：“你看看你自己，明明知道抽烟这个习惯不好，说要戒烟，不是一样戒不掉吗？你就不要在这里吹牛皮了。”

保尔沉默了一会儿，把叼在嘴上的烟卷取下来，揉碎，坚定地对大家说：“从今天开始我不再抽烟，我是一个人，如果我不能改掉坏毛病，还有什么存在的价值?”

他没有给自己找各种借口来掩盖抽烟这个坏习惯，而是直接表达出不向坏习惯低头的决心，用自己的自制力控制行为，最终成为世人皆知的英雄。

生活中，大多数人遇到不愿意去做的事情，会找各种借口推脱，告诉别人：“不是我不想做事情，而是各种情况让我们无法去做这件事情。”看别人获得成功，自己一事无成，也会找个借口自我安慰。

找借口的根本原因是怕完成不了任务被别人嘲笑，怕付出很多却没有收获，希望少做些事情，不愿意改变目前拥有的安逸生活，等等。因此很多人面对新的机会也用借口去搪塞，找一个放弃的理由，寻求心理上的安慰，过着平庸的生活。

人们的意志都不是与生俱来，而是在社会生活实践中逐步培养和锻炼出来的。自制力强的人从日常生活的一点一滴做起，加强对自己行为的控制，慢慢磨炼出自制力。

我看过一篇人物专访：

有一位医生，开创了当时医学界的新领域，引起世界医学界的震动，也吸引了众多媒体对他360度全方位的采访。

一次采访过程中，记者无意中发现这位医生的钢琴弹得非常好，达到钢琴演奏家的水平。众所周知，钢琴能够弹到专业水平要付出很多时间和精力。

记者问他：“医生，您的工作这么忙，怎么有时间弹琴，而且还弹得这么好？”

医生笑了笑说：“如果我真心喜欢一样东西，就会有时间去研究它，并且做到最好。”

成功者明确目标，坚定不移地向着目标前进，遇到困难时，会想尽一切办法解决，而不是给自己找借口逃避困难。成功者懂得一个道理：借口可以麻痹人们的上进心，毁灭人们的自制力，让人们离成功越来越远。

失败者羡慕成功者取得成就，却无法克服前进路上的困难，无法达到自己想要的成功，只能找借口逃避现实。失败者告诉人们：“我没有获得成功，是因为自己能力不够。”其实，成功对于每个人来说都是公平的，能不能获得成功要看你是用实际行动去“做事情”，还是找借口去“编理由”。

“没有借口”体现成功者卓越的执行能力，是一种负责、敬业的精神，最终让成功者获得成功，得到他们想要的生活，实现他们的七彩梦想。

现实生活中，大多数人在遇到困难时，给自己找各种借口，最终毁灭了自制力，离成功越来越远，陷入深深的迷茫中，碌碌无为地过着行尸走肉般的生活。

有这样一个故事：

一位富人到乡村里办事，看到周围的乡邻们盖起了砖房，可是有一位邻居还住着破烂的土坏房。富人觉得这个人很可怜，就想帮助他。这位富人经常会做些慈善事业，他知道“授人以鱼不如授人以渔”，不能够直接给对方钱，所以他决定帮助这位穷人发家致富。

富人买了一头健硕的耕牛送给这位穷人，嘱咐他用这头牛去开荒，等春天来了撒上种子，秋天就可以收获很多的粮食，把粮食卖了，就可以脱离贫穷的生活。

穷人看着眼前的耕牛，非常开心，想着秋天收获的景象，谢过富人后就赶着牛去开荒。

没过几天，他觉得耕地很辛苦，于是对自己说：“牛要吃草，我要吃饭。牛有草吃，就有体力耕地，可是我连吃饭的钱都没有了，没有饭吃，哪有力气赶着牛去耕地？如果我把牛卖了，卖牛的钱可以买几只羊，杀了羊我就有了食物，不会饿肚子。我把剩下的羊养起来，等羊长大了生了小羊，我把小羊拉到市场上卖，就可以挣很多钱。”

于是，他把牛牵到集市上卖了钱，买了几只小羊。为了不饿肚子，穷人过一阵子就会杀一只羊。羊越来越少，小羊也没有生下来，穷人的日子过得越来越艰难。

穷人忍不住又盘算起来：“如果把羊卖了，我可以买几只鸡回来，鸡生蛋很快，我可以靠卖鸡蛋，挣钱养活自己。”他把最后一只羊赶到集市上卖了，买了几只鸡，整天等着鸡下蛋。

可是，穷人的日子没有因为卖鸡蛋而好起来，他没有自制力，为了口腹之欲开始杀鸡。当剩下最后一只鸡时，他的发财梦彻底破灭。

他找了个借口，对自己说：“我天生就是一个穷人，根本没有发财的命!”

春天来了，富人想起穷人，担心他买不起种子，就兴致勃勃地给穷人送种子，却发现穷人还是坐在土坯屋里吃着咸菜，没有看到牛。富人失望地离开了。

每个人都有七彩的梦想，希望拥有自己想要的生活，但是大多数人不愿意付出努力，不愿意克制欲望，为无能编织各种借口，陷入迷茫的泥潭里无所适从。

借口在短时间内会成为失败者逃避现实的“挡箭牌”。尝到甜头的失败者会一而再，再而三地使用借口，遇到困难就退缩，最终扼杀了他们的创新精神，毁灭了他们的自制力，把他们变得消极又颓废，让他们离梦想越来越远。

每个人的命运都掌握在自己手里，不要把宝贵的时间和精力放在找借口上。借口很美丽，像七彩的肥皂泡一样，散发着耀眼的光芒，可是很快就会在残酷的现实面前破灭。

谨记自己的义务和责任，增强自制力，摒弃借口的侵蚀，成功总是光顾那些愿意为之付出努力的人们。

炽热的岩浆，需要一个冷静的出口

火山爆发时，炽热的岩浆像炼钢炉里几千度的钢水一样流淌出来，释放出有毒的气体，污染着周围的环境，给人们带来很大的灾难。我们的生存环境里有很多种污染，岩浆的污染只是环境污染中的一种，还有空气污染、水污染、噪声污染等。

有一种看不到，也没有引起人们的注意的污染却时刻环绕在人们周围，那就是情绪污染。

尘世中的人们都会有情绪低落的时刻。坏情绪像在平静的湖面上投入一个小石头，泛起涟漪一般，一波一波地扩展开来，影响自己和周围人们的工作和生活。

心理学上有个著名的“踢猫效应”，讲述了坏情绪传染的过程：坏情绪和糟糕心情按社会关系的等级和强弱依次传递，就像从金字塔的塔尖一直扩散到最底层，最弱小的那个人或物成了最终的受害者，简单地说就是：大鱼吃小鱼，小鱼吃虾子，虾子啃泥巴。

有关踢猫效应的故事如下：

一位公司老总因为家庭琐事耽误了时间，为了能够按时到达公司主持会议，他在公路上超速行驶，被交警开了罚单，浪费了很多时间还没有赶上开会。老总非常生气，坏情绪越积越多。

老总来到办公室，把主管叫来找了个借口训了一顿，主管离开老总的办公室，找了个借口把下属小李训了一顿。小李非常生气，但他不敢反抗领导。

下班后，小李带着坏情绪回到家，遇到妻子不停地唠叨，他控制不了情绪，跟妻子大吵一架，然后甩门而出。

小李的坏情绪转嫁到妻子身上，她心里非常窝火。这时，儿子不认真学习，还跟她顶嘴。平常她会耐心地想办法开导孩子，现在的她感染了丈夫的坏情绪，心情非常低落，打了儿子一记耳光。

儿子捂着被打的脸，眼泪汪汪地看着母亲，却不敢反抗。这时他看到家里的猫温驯地蹲在桌前，就狠狠地踢了猫一脚。可怜的猫不知所措，仓皇而逃。

坏情绪就这样一波一波地传染开来。

如今，人们的生活越来越便捷，生活节奏也越来越快。人们在享受生活时，也承担着更多的压力，心理承受能力也变得很脆弱，很容易就让情绪陷入低谷，愤怒的火焰像炽热的岩浆一样喷射而出，灼烧着自己和周围的人们。

明白坏情绪对周围人的伤害，就要想办法自我调节和消化，学会给坏情绪找个宣泄的出口，尽快释放出坏情绪，就像人们常说的“堵不如疏”。

当我们的情绪变坏时，要在潜意识中提高自制力，不要将这些坏情绪宣泄出去，影响别人的工作和生活，让别人像你一样不快乐。

我有一位女性朋友，经常为一点小事生气，拉着她的老公说上两个小时。她意识到这样做不好，却控制不了抱怨的欲望。她老公脾气很好，对她诸多包容，在她发泄般地诉说时总是保持沉默。

她问我：“我该怎么办才好啊？我知道这样不对，但控制不了想说的欲望。”

我分析道：“你不停地说是因为你的情绪不好，心里有气憋着，你会觉得很难受，就会找身边的人发泄。”

“是啊，我也想控制坏情绪，也试过去控制，但控制不了，不说出来我觉得浑身难受，看任何事情都不顺眼。”她烦恼地抓着头发。

我建议道："你可以找个东西来宣泄坏情绪，比如说你可以找我聊天，把你心中的烦恼说出来，把坏情绪发泄出来，回家后就可以保持清醒的头脑。或者你可以去唱歌，唱歌可以愉悦你的身心，还可以宣泄你的坏情绪。当然，你还可以找些安全的东西，比如布娃娃、枕头这些，你可以使劲折腾它们，用劲地拍打，用劲摔、用劲咬都可以。折腾这些没有生命的东西不会让你的坏情绪无休止地传染下去。你会发现这些办法可以缓解你的压力，消减你的烦恼，同时还可以减少你的坏情绪。"

过了几天，朋友在微信上对我说，这些方法非常管用。那一天，她又开始跟老公唠叨，发泄坏情绪，这次老公找了个理由离开家。没有人听她诉说，心里憋得难受，想到我说的办法，她就在家里找了个洋娃娃，使劲地折腾它，不停地对着它诉说，拿它撒气。

过了十分钟，她感觉累了，心里的火气也消散，看着眼前依然可爱的洋娃娃，她不想再唠叨了。

人们发脾气的时候，无法控制情绪，做事非常不理智。对他们讲道理一点用处都没有，就像对牛弹琴似的，他们根本听不进去，只能想办法让他们把坏情绪宣泄出来。给坏情绪找个出口，不让它在你的身体里到处乱窜，伤害你和你周围的人。

如今，很多企业里会设置一个"撒气"室，把企业管理人员的形象做成充气娃娃放在里面。当员工对哪位领导有不满情绪时，到那里对着那些不会说话的娃娃撒气。心里的坏情绪消散了，他们能够控制住行为后，就带着好心情回到岗位继续工作。

我有一位同事许旺，在公司里人缘非常好，对待每个人都很友善，仿佛没有人看过他发脾气，人们都很喜欢他。

有一次，我开车路过他家，顺道去他家里看看他，可是敲了半天门也没有人开门，打电话也没有人接。这时天空传来震耳欲聋的飞机起飞声，他家的附近有一个飞机场，有很多飞机从他家的楼顶飞过。在飞机震耳欲聋的轰鸣声中，我听到许旺的吼叫声。

我走到楼顶，看到一架飞机从头顶飞过，许旺对着飞机发出吼声，吼声夹杂在飞机的轰鸣声里消逝。

我好奇地问："你在做什么?"他笑着回答："这里靠近飞机场，每当飞机起落时会带来巨大的噪音。刚开始我很烦恼，对着飞机大叫。后来我遇到委屈、挫折，控制不了自己时，就会来到这里。当飞机飞过头顶时，我对着飞机大吼，看着飞机越飞越高，感觉心中的坏情绪也被带走了，整个人就快乐起来。"

工作中的许旺有好脾气，因为他会适时地宣泄出坏情绪，用快乐的心情面对生活和工作上的压力，让他周围的人都觉得他好相处，交流起来也没有任何困难。

生活和工作中，我们一味地压抑心中的坏情绪，虽然能暂时解决问题，却让我们的身心越来越疲惫。

坏情绪就像汹涌而来的洪水，用堤坝挡住洪水却没有进行疏导，洪水会逐渐升高，最终冲毁堤坝，一发不可收拾。只有为洪水找个宣泄的出口，才能够把危险消除在萌芽状态。

我们可以利用周围的环境调节自己的情绪，比如，来一场说走就走的旅行，投身到奇趣的大自然里，换个陌生的环境，放松自我，释放出坏情绪，找回快乐。

宣泄坏情绪的方法很多，可以根据个体差异和环境的不同选择适合的宣泄方式。从小小的一声叹气，到大声哭泣、尖叫或者怒吼，还可以打球、上网、散步、聊天等。宣泄没有固定的模式，但是要选择一种不给别人带来负面影响，又让坏情绪宣泄出来的办法，让自己回到正常的生活轨道。

脾气没了，成功的曙光照亮我们涉足的地方

脾气是人们在日常生活中最普遍的一种心理现象。人都会有脾气暴躁的时候，遇事会冲动，看到不顺眼的事情会生气，因而与别人发生争吵，甚至出现打斗的现象。

战国时期的思想家庄周在他的《庄子·知北游》提到，“初生牛犊不怕虎”，意思是说年轻人充满着活力，做事有冲劲，放任他们的脾气，像刚出生的小牛一样，看到兽中之王老虎也不知道害怕，甚至敢与老虎打斗。现实里，如果小牛犊与老虎相遇并且打斗起来，小牛犊被老虎吃掉是必然的结局。

大多数年轻人缺少社会阅历和足够的谋略，在实力和影响力方面远远不及那些成熟的人。大多数年轻人的脾气犟得跟头牛似的，不懂得变通，所以总是被别人打败，得不到他们想要的结果。

年轻人意识到发脾气会造成不好的结局，就应想办法控制脾气；经过现实的磨炼，让脾气变得越来越温和。一旦对事情不再固执己见，离成功就会更近一些。

改变坏脾气，需要制订详细的计划，再认真地执行。

有一个脾气很坏的小男孩，经常在家里发脾气，对家里的东西摔摔打打。他经常跟家人和朋友争吵不休，家人和朋友纷纷远离他，谁都不愿意跟他在一起。小男孩很苦恼，他想控制坏脾气，可是当他心情暴躁时，忍不住就想对着别人发脾气。

有一天，父亲把小男孩带到屋后的菜园子，菜园子的边缘是用竹子做的篱笆。父亲对小男孩说："儿子，你对家人发脾气是不对的，应该改正错误。"小男孩委屈地说："我知道发脾气不好，也不想发脾气，可是我控制不了自己。"

父亲指着竹篱笆说："我教你一个办法，当你控制不了脾气时，就在这个竹篱笆上钉个钉子，过段时间我们来看你发了多少次脾气。"小男孩子点头同意。

后来，当小男孩发脾气的时候，就会在竹篱笆上钉一个钉子。很快，竹篱笆上钉满了钉子，看上去伤痕累累，不堪入目。小男孩看着竹篱笆上的钉子觉得不好意思。

父亲看到后说："竹篱笆上的这些钉子是可以看到的伤害，竹篱笆是不是很疼？你每一次发脾气时，对方的心里也会受伤，就像这些竹篱笆一样。"

"那我的坏脾气能改掉吗？我也想改，可是一直改不掉。"小男孩委屈地说。

父亲回答道："办法肯定是有的，只要你愿意去做！"小男孩用力地点点头。父亲说："你可以要求自己，如果这一天不发脾气，就取下一个钉在竹篱笆上的钉子，看你需要多长时间才能拔出所有的钉子，那个时候你就可以改掉坏脾气了。”小男孩看着满目疮痍的竹篱笆，重重地点了点头。

当小男孩想发脾气的时候，脑海里会浮现受伤的竹篱笆，他就想办法控制脾气。当一天结束时，他很开心地去拔掉一个竹篱笆上的钉子。

慢慢地，小男孩会控制情绪了，竹篱笆上的钉子也日渐减少了。他高兴地把父亲叫到竹篱笆前，说：“父亲你看，我终于快要把钉子拔完了。”

父亲拉着孩子的小手，指着竹篱笆说：“儿子，你看篱笆上的小洞，就是你钉出来的，钉子是拔完了，可是洞还在。你跟别人发脾气，就像在他们心里钉上一个钉子。虽然你跟被伤害的人道了歉，但是错误已经发生，想完全消除影响是不可能的事，要引以为戒，给你的脾气上个枷锁，才能够得到人们的喜爱。”

人们都希望在人际交往中得到别人的赞赏，否则会感到寂寞、孤独。人的脾气受意识的调节和控制，当坏脾气要发作时，想到放任坏脾气给自己带来的危害，就要有毅力和决心改掉坏脾气，尊重别人的利益和需求，三思而后行。

人的脾气有好和坏的区别，脾气好的人走到哪里都会受到人们的欢迎，做起事来也事半功倍；而那些脾气不好的人，会给别人带来苦恼，与人难以相处，没有人愿意跟这种人合作，包括你和我，见到这些坏脾气的人，大多数人都会远远地躲避。

坏脾气的人喜欢凭借自己的感性认识去处理现实问题，缺乏自制能力，做事带有强烈的进攻性，比较冲动。坏脾气是一种具有破坏性的情绪，会带来很大的负面影响，不及时控制，会走进死胡同。

世界名著《小王子》里有一段故事：

小王子拜访星球上一位嗜酒如命的人，他看到酒鬼安静地坐在屋里，旁边放着一堆酒瓶，有的酒瓶装着酒，有的已经空了。

小王子问酒鬼："你在做什么呢？"酒鬼压低了声音，忧郁地回答："我在喝酒。"

小王子又问："你为什么要喝酒？""为了忘记。"酒鬼回答。

小王子奇怪地问："你要忘记什么？"酒鬼低下头说："我要忘记我的羞愧。"

小王子看着眼前落魄的酒鬼，想帮助他走出困难，继续问："你羞愧什么呢？"

"我羞愧我总是想喝酒。"说完，酒鬼又拿起一瓶酒喝起来，不再回答小王子的问题。小王子一头雾水地离开酒鬼的家，喃喃地道："实在搞不懂大人。"

酒鬼的言行举止告诉人们：失去自制力是很可怕的事情。宽容地对待欲望，放弃控制欲望的酒鬼，放任自己，沉迷于酒精中。他没有毅力控制欲望，只能继续喝下去，沉迷在酒精里无法自拔。

日常生活中经常遇见放任坏脾气、无法控制自己的行为，这样的人离理想的目标将会越来越远。

一个人的成功跟他的自制力是息息相关的。很多成功人士都能够控制自己对别人的脾气，有容人的度量，不会为一些小事斤斤计较。他们深深懂得放任脾气不会给他们带来任何有益的东西，只有提高专业知识、文化素养和自制力，才可以事半功倍。

每一把钥匙，都经过水与火的热烈拥抱

通往成功的路上充满着艰辛和困苦，痛苦不堪，只有经过水与火的历练才能够开启成功。

成功与失败的区别来自不同的习惯，好习惯是开启成功的钥匙，坏习惯让失败的大门敞开，那些不愿意努力又没有好习惯的人注定要失败。小时候，我们会凭借自己的喜好做事情，长大后懂得改正坏习惯，才能够到达梦想的彼岸。

美国斯坦福大学的一位教授做过一个经典的实验——“要不要吃掉它”，虽然实验的对象是一群小朋友，这种看似简单的考验经常在我们身上出现。

当时，教授组织了近600名幼儿园的小朋友进行这个实验，实验准备了一堆小朋友们喜欢吃的食品。教授告诉孩子们：“你们可以挑选自己最喜欢的食物，但是现在不可以吃。”

很快，小朋友都拿到自己喜欢的食物，可是教授说不能吃。他们面面相觑，看着周围的小朋友们也都垂涎欲滴地看着手中的食物。

教授说：“我现在有事离开一下，如果等我回来，你们没有吃，那我会再奖励你们一块，如果做不到就没有奖励了。”小朋友们点点头。

大多数小朋友没能忍住食物的诱惑，立刻把它吃掉了；有的小朋友四下张望，用期待的目光等着教授的身影，然后偷偷地吃一点点。当教授回来后，统计到只有30%的小朋友坚持15分钟没有吃掉手中的充满诱惑的食物。

这些抵抗住诱惑的小朋友们用自己的方式控制想吃的欲望，有人捂住眼睛，有人背过身，有人故意拿别的东西转移注意力，最终他们抗拒了诱惑，得到了教授的奖励。

十几年后，教授对已经是高中生的那帮孩子进行回访，发现那些可以等到他回来的孩子们做事有计划，学习优秀，和周围的同学们相处融洽，拥有一个成功人士必备的各种条件。

实验证明，人们拥有自制力就拥有开启成功的钥匙，可以跟欲望做斗争，能够控制坏情绪。

经常听到朋友们抱怨："锻炼减肥，越减越肥。"如今，各种美食诱惑着人们的视觉，勾起人们的味觉，增加人们的食欲。可是大多数人享受过美食后，就坐在办公桌前工作，缺少足够的运动，体重直线上升。这时，各类健身房应运而生，每天都是人满为患。

可是很多去减肥的人发现，他们越减越肥，究其原因还是没有自制力。他们在健身房里按教练的要求做高难度的减肥训练，可是体能的消耗让他们无法控制运动后的饮食，反而比平时吃得更多。

坏习惯是通往成功路上的拦路虎，在人们前进的道路上设下陷阱，瓦解人们的自制力。

人会刻意地躲避困难和艰苦，安于现状，或放任欲望，形成了人们的第二天性。有的人意识到这个问题，为人生制订详细的计划，希望能够脚踏实地地完成人生旅程上艰难的任务，可惜却在强大的欲望面前败下阵来。

自制力是打造成功的必备条件，帮助我们记住枯燥无味的知识，控制住各种情绪，对别人表现得体。自制力不能让我们操纵世界，却可以改变我们对待世界的方式，帮助我们锻造出成功。

我有一位姓张的女同学，她家在贫穷的农村，还有一个弟弟。高考那年，她的高考成绩勉强达到职业技术学校的分数线。她想复读一年，再给自己一次机会，可是家里负担比较重，年迈的父母没有能力供她再读一年，不同意她复读。

父亲对她说："你这样的成绩，再考也考不上好学校，女孩子过几年要嫁人，我们辛苦让你读完高中，现在你应该找个工作，挣钱给弟弟念书。"

她不愿意，跪在地上说："父亲，求您再给我一次机会，我一定能考上好的大学，有份好的工作，来孝顺你们。"父亲摇头不同意，犟姑娘就在地上跪了一夜，嘴里只念叨着一句话："求求你们再给我一次机会。"

父母看着不忍心，只能答应女儿的要求，父亲把家里的耕牛和两只小猪崽卖掉，凑够了她的复读费。

每天，她学习到凌晨一点半才睡，早晨五点半起床。为了抢时间，她只吃面包和方便面，尽量不喝水，因为上厕所也需要花费时间。复读一年，她瘦了 16 斤。

大年三十，家家户户的电视机里放着欢快的春节联欢晚会，朋友们都在欢笑嬉戏，而她把自己埋在数学的题海里。就是上厕所，她都逼着自己背诵10个英语单词。她要珍惜唯一的机会，把目标设置得很高。她的目标是考上北京大学。

她的衣柜上贴着北京大学的照片，照片空白处写着一句话："不成功，则成仁。"后来，她向别人说起把目标定在北大的原因："我不想我，还有我的下一代重复着父辈的生活，而我的这辈子只有这次机会，我没得选择。"

瘦弱的小姑娘为了北大梦，用强大的自制力刻苦学习，为了能够考上北大努力奋斗。

她用不到一年的时间，完成了无数人一辈子都无法完成的愿望。一个一年前只能上技术学校的女生，通过努力拼搏，考上了北京大学，成为当地的传奇人物。

成功需要有强大的自制力来约束自己的行动，消除不恰当的欲望，才能开启成功的大门。

培根有句名言："知识就是力量。"他还有一句："一分克制，就是十分力量。"付出一分的自制力，克制住自己的欲望，就可以拥有十分的力量。

人生像条抛物线，厄运的顶点是幸运的开端

虽然有些事没有人们想象的那么糟糕，但消极情绪还是会无法遏制地浮现在脑海。当坏情绪出现的次数越来越多时，人们开始习惯它，顺从它，然后放任它，甚至觉得事情本来就这么糟糕，不用

付出辛苦去争取改变。

当这种放任的情绪攻占了人们的大脑，控制人们的行为，使人们放弃挣扎，陷入彷徨和恐惧里，让人们觉得整个世界都弥漫着悲伤的气息，到处都有厄运。

有位作家说过一段话：“生活不可能像你想象的那么好，但也不会像你想象的那么糟。我觉得人的脆弱和坚强都超乎想象。有时，我可能脆弱得一句话就泪流满面，有时，也发现自己咬着牙走了很长的路。”

人生就像一条抛物线，总是会继续下去，厄运的顶点，往往是幸运的开端。不要让消极的坏情绪侵占自己的头脑，积极地应对，就可以克服现实中的各种困难。

从大山里走出来的女大学生亚红，从小都是走山路，从来没有骑过自行车，也不会骑自行车。她一直埋头学习，以优异的成绩考上大学，走出了大山。

大学在省城，校园很大，随处可以看到整齐摆放的共享单车，同学们用手机刷车上的二维码，骑上车穿行在校园里。不会骑车的亚红只能步行前往目的地，她用羡慕的眼光看着那些骑车的同学。

室友们看着在校园里快步行走的亚红，决定教她骑车。她们把亚红拖到校园僻静的角落里教她骑车。对于室友们的热情，她无法拒绝，勉为其难地练习了几次，但总是以失败告终。看着室友们失望的眼神，亚红放弃了。

暑假很快就到了，亚红回到家里，他们家已经搬出大山，住在小镇上。一天，亚红和父亲在路上走着，看到附近有共享单车，就对父亲说："校园里很大，同学们都骑车奔走在各个教室，可我不会骑，只能跟在后面小跑，有时候还会迟到，怎么办呢？"

父亲鼓励道："别害怕，骑车有什么难的呢？多摔几次跤，你肯定就会骑了。没事，不疼，爸爸在旁边保护你。"

想着骑车在学校里穿行的同学们，亚红决定再给自己一次机会，一咬牙一跺脚，豁出去了。她推来一辆共享单车，在附近找了个空旷的场地，歪歪扭扭地骑了上去。

父亲一边跟在她的车后面小跑，紧跟着她的自行车，随时接住左右摇摆的她，一边叮嘱着她骑车的注意事项。亚红按父亲的叮嘱，抬头看着前面，很快就不再两边摇摆。骑行了很长一段距离都没有跌倒，她兴奋地回头想跟旁边的父亲分享下心中的快乐，却发现父亲微笑着站在远方看着她。

亚红只是因为对骑车充满恐惧感，把骑车想得太困难，没有安全感，总觉得骑车会摔倒、会撞到别人或者被别人撞倒等，才会从心理上抗拒骑车。当她不把事情想得那么坏、那么难，敢于踏出第一步，就发现骑车没有她想象的那么难，学骑车也没有她想的那么糟糕。当她可以驾驭自行车后，觉得非常兴奋和快乐。

人生的路并不好走，途中会有很多坎坷和困难，很多人会放任自己的消极情绪，想办法逃避困难，最终变得软弱，陷入深深的迷茫里。努力的人为了改变现状，会变得更加坚强。他们把艰苦的日子当成厄运快要结束的时间，在他们看来，只要坚强地走过这段时间，就会开始另一段幸运的生活。

有一个故事：

有一个傻子走在路上，他感到非常渴。这时，前面出现了一条河，他兴奋地跑过去。可是，当他到达河边，用手捧起水准备喝时，看到流淌不息的河水，他忽然开始发愁。他想："我要什么时候才能喝完这么多的河水？我能喝完吗？"

这时，旁边的路人看着他站在河边发呆，就问他："你不是很渴吗？有水了怎么不喝呢？"傻子把自己心中的疑惑说出来，路人听后哈哈大笑，说傻子真的是傻。

现实生活中，我们会遇到这样的问题，我们做的事跟傻子差不多，只是事情发生在自己身上就没有觉得自己跟傻子一样。还没开始做事情，我们会把事情想得太糟糕，消极怠工，想得多而做得少，最后无法完成目标。

当领导安排下来工作，我们会觉得很多、很难，就放置在一边，要交的时候就手忙脚乱地拼凑着完成，最后导致失败。如果我们换个想法，把这些工作当成改变命运的钥匙，坚定不移地相信自己可以克服困难，就可以得到自己想要的成功。

虽然消极情绪总是会出现，但是不能放任这种情绪，必须采取有效的措施来遏制。一个悲观的人经常产生消极情绪，这个时候要积极一点，不要认为改变不了消极情绪，看看周围的人，他们能够做到，相信你也一定可以做到。

同事小丽怀孕了，趁着五一的假期，又多请了一个月的假，她准备上班的时候，正好是夏季最热的时候。

她想，单位是那种老式的办公楼，没有电梯，办事就要楼上楼下地走着，肯定会很累；炎热的夏天，办公室里肯定开着空调，封闭的空间空气不流通，对身体不好；每天的工作要面对电脑，逃避不了辐射，她担心对胎儿有影响。

于是，她跟家人说想继续休假不去上班，家人都宠着她，听从她的决定。可是在家里待得久了，她又觉得一天的时间过得很慢，人也很无聊，开始想念单位的同事。她决定还是假期满了就去上班。

单位里，她之前想到的那些糟糕的事情都存在，可是在家待久的人来到热闹的工作场所，心情变得很好，那些糟糕的事情在她的眼里也不再糟糕。楼上楼下地爬着，她觉得没有任何问题，还可以锻炼身体。对于避免不了的电脑辐射，她也释然了。其他怀孕的同事都没有因此而请假，也没有穿防辐射服，有的孕妇还骑着电瓶车来上班。

看看其他怀孕的同事，再看看自己，小丽觉得自己想得太多了。因为想得太多，反而把自己束缚住，不敢去尝试，其实很多事情并不像她想的那样糟糕。

付出就会有收获，就算没有得到自己想要的成功，也是一种人生经历。如果只是坐在那里想糟糕的事，不去想办法解决，肯定会以失败告终。

我们可以把自己能想到的糟糕事情写下来，引导自己朝积极的方向去思考。当消极情绪在脑海里浮现时，要提醒自己："我不能这样想！这样想对我没有任何好处。"养成习惯后，就可以让消极情绪慢慢淡去，用积极的态度去想问题，去解决问题。

如果糟糕的事发生了，要保持冷静，也不要指责自己，想办法找到原因，思考解决问题的办法，同时提醒自己困难只是暂时的。很快，我们就会发现事情并没有我们想象的那么糟糕，我们以为的厄运正在慢慢消退，幸运之光眷顾着每一个努力拼搏的人。

保持初心，如向日葵般坚守太阳

向日葵，正面向着太阳，明媚鲜亮，而背面永远是充满着阴影。当我们面向太阳时，我们的脸显得明媚，耳畔回荡着欢声笑语，温暖包围着我们，向着温暖的阳光前进。可是当我们背向太阳时，就会是一个黑暗的世界，到处弥漫着唉声叹气。我们看不到前进的方向，在黑色的迷雾中徘徊。

有些人充满着阳光的气息，像一株向日葵，向着太阳生长。他的周身散发着温暖，给身边的人带来力量，让人们看到希望，跟随着太阳的光芒努力向前。

著名物理学家霍金去世时，外国媒体不约而同地以“大事件”这个标题显示对他的重视。普通人也用自己的方式纪念这位世界级的物理学家。公众号、微博等都在书写着霍金的人生，微信朋友圈里尽是人们对霍金的深深怀念。

霍金就像一株充满阳光的向日葵，吸引着人们靠近。熟悉他的人缅怀一位伟大的物理学家，普通人缅怀一位身残志坚的强者，两者有差别却不矛盾。

霍金二十几岁被诊断出全身上下的肌肉会随着年龄的增长慢慢

萎缩。当时医生给出的诊断是他只能活两年，他却坚强地活下来，享年 76 岁。他的人生一直与病魔进行抗争，还成为一名知识渊博、世界闻名的科学家。

他病得无法说话、无法行动时，通过先进的工具，让自己与外界保持沟通，创下一个又一个的科学奇迹。

人们知道霍金，并不是因为他身残志坚，用残缺的身体努力活着，而是他留给人们很多物理学方面的科学研究理论。他艰难地写出了两本书——《时间简史》和《果壳里的宇宙》，他将视线放在地球的外面，穿越了时间和空间。

霍金歪着脑袋靠在特制的椅子上，用脸部肌肉的运动控制通信设备。他用电脑将他的脑电波图样翻译成词句。他借用人工呼吸器保持呼吸，顽强地活着，直到他去世，去往遥远的宇宙，继续研究他钟爱的物理学。

霍金告诉世人，只要人们愿意都可以活得很好，做出更有意义的事。还有人比他更惨吗？但他努力地好好地活着，活出了自己的精彩和人生价值，让世人为之瞩目。

人生这条路很漫长，到处充满着艰难和困苦，还让人感到枯燥乏味。挫折和磨难是这条路上不可缺少的一部分。

有些人遇到困难后，会把自己锁在一个没有光的世界里，拒绝阳光的邀请。他们觉得看不到光，世界才能安静下来，不被别人打扰。

躲避到黑暗里无法解决现实问题，活着，要做有意义的事，向着理想奋斗。稚嫩的苗芽，向着阳光拼命生长，当乌云遮挡住阳光时，它们依然努力生长，因为它们相信，阳光总在风雨后。

动物们在危机四伏的大自然里存活，为了保持强劲的生命力，也不停地向着阳光奔跑：

一望无际的大草原上，一头狮子不停地向着前方奔跑，而前方根本看不到猎物。一只好奇的鹰问狮子："前面没有你需要的猎物，你为什么还要辛苦地奔跑？"

狮子回答说："我只有在平常保持这样的速度，才可以在需要的时候追上猎物，获得食物。"

一只小鹿也在独自奔跑，周围没有任何动物追它。鹰也好奇地问小鹿："你为什么要奔跑？也没有野兽追你。"

小鹿说："我只有平常多跑，才可以保持现在这样的迅速。当危险来临时，才能够比别的动物跑得更快，就不会被野兽追上，更不可能被野兽吃掉。"

动物界里，狮子是强者，小鹿是弱者，不管是强者还是弱者，认准目标，不断努力，才可以超越别人，在残酷的世界里生存。

人生没有目标就像飞机失去航标，航船失去灯塔，没有理想的人生是空虚的。

人在每个年龄段都应有梦想。碌碌无为的人总是放弃梦想，最终成为庸人，而那些奋发图强的人，一直想办法攻克梦想之路上的难关，最终才成为人生的胜者。

人生不如意的事十之八九，总会有些事让人陷入迷茫和痛苦中，有些人一辈子无法走出如同梦魇般的消极情绪里，终日郁郁寡欢，碌碌无为。他们想改变自身状态，向着阳光生长，突破迷茫走出来，却说起来容易做起来很难。

前一阵子，有位大学时的同学找我聊天，她问我：“我们在同一所学校、同一个班级，学同一门专业，同时参加工作，看你每天不做事，就是坐着飞机到处玩，今天北京，明天海南，你什么时候挣那么多钱啊？我真羡慕你。”

我心里苦笑了一下，我们曾经站在同一个起跑线上，只是后来我们努力的方向不同，经历也不相同。她只看到我成功后美好的一面，却看不到我为了获得成功付出的努力，以及走过的一段坎坷的荆棘路。

生活不会向努力的人们许诺什么，只会给他们一个痛苦和煎熬的磨炼。人们只有坚定不移地向着太阳努力，就算是被炙热的阳光灼伤娇嫩的皮肤也要多坚持一分钟，才可以拥有不一样的明天。痛苦和快乐都是自己坚持的结果，坚定信念，勇往直前，不轻易放弃就一定能够见到辉煌。

人生就是不断追求梦想的过程，梦想就像是一缕亮眼的阳光，照耀人们前进的道路。如果失去指引方向的阳光，人们会陷入迷茫中，失去活下去的勇气，或者行尸走肉般地活着。

大学毕业走上工作岗位后，因为各自工作的需要，我与一位好友一起报考会计从业资格考试。她把计划安排得非常详细，连我都佩服她。如果按照她制订的计划，我们备考的时间完全充足，甚至还可以学习更多知识，更加稳当地拿到会计证。

可是，我们相约的第一次复习她就缺席了，理由是周末她的公司组织员工去温泉SPA，所以晚上她得去买套新的泳衣，顺便逛逛商场，买些换季的新衣服。她打电话给我说："快来陪我逛街吧，你看这些衣服非常便宜，反正我们复习的时间充足，下个周末再开始学习吧。"

我拒绝了她的请求，认真看书，不管时间够不够用，我都得努力，争取拿到会计证。

第二个周末、第三个周末，她总是有各种理由不来复习，而我独自坚持着当初她制订的学习计划。

离考试还有一个月的时候，她开始着急了，抱着各类专业书籍疯狂地背诵。太多的公式和理论，她根本无法在短短的一个月里背诵下来。每天她都非常焦虑，对考试越来越没有信心，最后连考场都没有去，当然更别说拿会计证了。

追求理想是一条布满荆棘的路，只有摒除一切外在的影响才可以到达目标。你没有感觉到阳光的美好，或者说你感觉到阳光的美好，却不愿意付出辛苦，给自己找着各种借口放弃努力，放弃美好的生活，最后会陷入深深的迷茫中。

面对残酷的人生，每个人都会有不同的理解和感触。心中有朵向日葵，生活会一路向阳。幸福的人生没有固定的模式，只有靠自己去创造。做一个内心强大的人，向阳生长。

弱者拒绝改变，强者懂得自制

假如我们像动物一样，听从欲望，逃避痛苦，拒绝改变，就成了欲望和冲动的奴隶。我们不是在选择生活，而是被生活奴役。对于成功者来说，自制力已经融入他们的生命，成为他们灵魂的一部分，甚至超越他们的本能。拥有自制力，才能使他们与众不同，活得更精彩，活出精致的人生。

开启朋友圈免打扰模式

人是群居动物，有很多朋友组成朋友圈，圈子决定他们的命运。朋友圈是一面真实又残酷的镜子，投射出人们的生存状态。

朋友圈有一种能量场，感染周围的朋友，仿佛一只无形的手。高层次的圈子里带有正能量，激励人们努力前进，帮助他们创造梦想。朋友圈里人们的素质参差不齐，部分自制力差的人，会阻碍我们前进的步伐，瓦解我们的自制力，让我们陷入与他们一样的迷茫里。打造好的朋友圈则可以拥有丰富多彩的生活，共享社会资源达到互利共赢。

心理学把朋友圈的影响称为“情绪感染”或“社会感染”。

朋友萌萌前段时间退出一个微信群，惹怒了一些朋友。她无奈地找我说这事，说她并不后悔退出。

大学毕业后，萌萌与同学们各奔东西，大家没有时间像学生时代那样无拘无束地玩耍和聊天。后来有位好友建了个微信群，里面是十几个关系很好的朋友。

朋友们经常在群里怀念青葱时代的似水年华，你一言我一语地说着在校时的趣事，让大家回忆起那个时代，拉近了彼此之间的距离。

时间久了，朋友们开始在群里发着张家长李家短的抱怨。这个说老公的无能，那个说婆婆的奇葩，好像能干的老公或者好的婆婆都是别人家的老公和婆婆，而自己走背运。

更多的朋友在群里吐槽，说着工作的辛苦、老板的不讲理，拉着朋友们跟他一起抱怨工作和生活。

萌萌发现，大家平常都各忙各的，心里有委屈或者在现实中遇到不痛快时，就会在群里发泄，寻找着情绪上的垃圾桶。作为朋友，她不能装着没看见，必须接收着来自朋友的负能量，还要给出共鸣，否则就不能称为朋友。

经常接收这些负能量，萌萌的心情很低落，开始抱怨生活的各种不如意。周围的人渐渐远离她，领导看她的眼神也变得陌生。她发现，群里那些消极的思想影响到她的情绪，阻碍了她前进的步伐，让她离目标越来越远。在群里“朋友”的影响下，她对自己有没有能力达到梦想产生了怀疑。

为了远离这些负能量的感染，她坚决地退了群，几位关系很好的朋友询问她原因时，她说：“最近工作太忙，实在没时间看信息。”对方说：“没时间也不用退群啊！回来吧，没事我们可以随便聊聊。”

对于朋友的热心，萌萌没有接受，只是回了个笑脸。萌萌的不领情，让朋友很不开心，估计又去群里诉说委屈了。不过这一切跟萌萌无关，她找回了好心情，坚定地向着目标前进。

网络上有一段话：“一段好的感情，应该是两个人自带光芒，照亮对方，让彼此看到希望，而不是一味地去消耗，拉对方走进一个伸手不见五指的黑洞。”你认为朋友有足够的正能量消除你的烦恼，但你的负能量对朋友而言是一种精神压力，影响着对方的工作和生活。只有自己足够强大，才可以带给朋友正能量和快乐。

虽然说你的生活、你的人生都是你个人的事，但你的世界观、价值观、情感和行为却受到周围朋友或者环境的影响。

有位古希腊哲学家说过：“对一个尚未成熟的少年来讲，坏的伙伴比好的老师起的作用要大得多。”研究也表明，一个人的收入、体重、爱好和幸福度是周围五位好友的平均水平。也就是说，一个人的朋友圈在一定程度上决定了这个人的生活状态。

有个定律被称为“150 定律”也叫“邓巴数字”，由英国牛津大学的人类学家罗宾·邓巴提出：人类的智力将允许人类拥有稳定社交网络的人数是 148 人，四舍五入大约是 150 人。而深入交往能够成为亲密朋友的只有 20 人左右。

俗话说得好：“鲜花盛开，蝴蝶自来。”想要结交高层次的朋友，就要离开吵闹不休、不停抱怨、充满负能量的朋友，努力做好自己，追求更高层次的生活。

努力经营朋友圈，结交素质优良的朋友，使自己进入一个高层次的朋友圈，拥有一个幸福快乐的人生。

不要有片刻怀疑，自己就是主宰一切的神

每个人在某个时间或者某个空间里会期待神的降临，帮助他们完成一些不可能达到的目标，希望通过神的力量解决一些实际困难。

我们在考场上做选择题时，面对不会的题目的答案有两种选择，一个是交给第一感觉，另一个是抛几个纸团，听从上天的安排。但最后做主的还是自己，因为决定权在你手上。

美国小说家海明威说过："自己就是主宰一切的上帝，倘若想征服全世界，就得先征服自己。"

有一个故事：

一天，神来到人间，遇到一位智者在研究人生。神问："听说你是位智者，正在为人生感到困惑，我们能不能一起研究这个问题呢？"

智者苦恼地说："这个问题很难，我研究了很久，可是越研究越觉得困惑。我觉得人类真的是很奇怪的生物，他们有时候非常理智地对待问题，有时候却非常不明智。他们经常在快要成功的时候迷失自我，失去理智。"

神感慨地说："我也有同感，当他们有快乐无忧的童年时，他们却急着长大，当他们长大后，又希望返老还童；有个健康的身体不知道珍惜，透支健康去换得财富，有了财富又想换回健康；他们

对未来充满迷茫，又忽视眼前的幸福。”

智者听完神的话，很有同感，请神对人们提出些忠告，让他们不再迷茫，可以快乐地生活。

神用纸条写出一番话，递给智者，上面写着：“你应该知道，你不可能取悦所有人，最重要的不是去拥有什么东西，而是去做什么样的人，拥有什么样的朋友。富有并不是指一个人有很多的金钱，而是这个人的贪欲比较少。伤害一个人只要几秒钟，弥补这个伤害却需要很长的时间。人会宽恕别人或者得到别人的宽恕还是不够的，人要学会宽恕自己。”

智者看完后，激动地说：“这些只有神才能做到！”

当他抬起头时，神已经消失得无影无踪，留下一句话：“只有自己才是自己的神，只有自己才能主宰自己的命运。”

世上的每个人都是独一无二的存在，也许与别人有相似之处，却不可替代，每个人的言行都有自己的个性和特色。正确地认识自己，接纳自己的一切，把最好的一面呈现出来。

不要被别人影响你的情绪，怀疑自己的能力，只有支持自己，关爱自己，才能够享受快乐生活。每个人都有无法理解的行为，你必须接受不完美的自己，找到最真实的感受。做得不好的地方，加以纠正；若有可取的地方，就继续保持，掌控自己的生活。

现实生活中，大多数人在抱怨，抱怨工作太累、薪金太低等。抱怨的同时，会责怪上天没有帮他们。

有一个很经典的故事：

在一个小村落里，一场大雨引起山洪暴发，很快村庄被淹没。

人们在救援队的帮助下迅速撤离，有一位神父还在教堂里祈祷。

一位救生员驾着舢板来到教堂，对神父说：“神父，快点上来，洪水会把你淹死的。”神父说：“不会的，我的上帝会救我，你先去救别人吧。”

过了一会儿，洪水淹过神父的胸口，他只有爬上祭坛，继续祈祷。这时，又一位救生员开着快艇过来，对神父说：“神父，快点上来吧，不然你就要被淹死了。”神父说：“不会的，我在等待上帝来救我，你去救别人吧。”

又过了一会儿，洪水淹没整个教堂，神父爬上教堂的顶端，紧紧地抓住顶端的十字架。一架直升机飞过来，救生员放下绳梯，对着神父喊：“神父，快点上来啊，这是最后一次机会，再不上来，您就要被淹死了。”神父还是坚定地说：“不，我要等待上帝来救我。”洪水袭来，把固执的神父淹死了。

神父上了天堂见到上帝，很气愤地问上帝：“主啊，我终生侍奉您，可是您为什么看着我死却不救我呢?”上帝说：“我救你了啊，第一次，我派了舢板去救你，你不要；第二次，我派了快艇去，你还是不要；第三次，我派了直升机去，你依然不接受。我以为你想回到我身边，好好陪我呢!”

抱怨上天或者指望上天时，应该反省自己的行为，很多机会在我们瞻前顾后时消失了。每个人的命运不是注定大富大贵、衣食无忧，也不是一生都穷困潦倒、一事无成。是非成败的关键在于你的抉择，控制自己的行为和情绪，不向命运低头，掌控自己的人生，做自己的主宰。

生命对于每个人来说只有一次，万念由心生，万念由心起，很多事情的对错成败只在人们的一念之间。有些人不择手段地追逐名利，把自己弄得伤痕累累，身心俱疲，为了满足虚荣心，在欲望的深壑里不断沉沦。

偶尔在网上跟一位朋友聊天，他叫小叶，快过30岁了。前一阵子他刚结束一段谈了两年的感情。我问他近况如何，他消沉地回答："就这样吧。"

我劝他："为未来考虑下吧，你的年龄也不小了，岁月不饶人。"他无奈地说："我不再想那么多，实在不行随便找个人结婚算了。"

我随口问："你现在有合适的结婚人选吗？"他说："没有，我现在不挑不拣，只要对方是女人就可以。"

看他这么消极地对待婚姻，我想刺激他一下，就说："随便找个人结婚也不容易啊，结婚要有房、有车、有存款。婚姻是现实生活，需要金钱来维系，不会像爱情那么美妙。"

他苦笑了一下说："我没房、没车就不能结婚了？"我无奈地看着他，说："结婚当然可以结，可是你想过结了婚住哪儿吗？"

他深思了一下，用随意的口气说："随便吧，反正就是过日子，好也可以过，不好也能过。我现在没有房子，也不是这里最穷的，别人能过得下去，我也能过得下去。"

看着自暴自弃的小叶，我只能无语。他已经放弃努力，放弃自己。贫穷不可怕，也不是谁的过错，最可怕的就是放弃自己，过着行尸走肉般的生活，这样活着还有意义吗？

换个角度来说，那个跟他谈了两年感情最终离开他的女孩做的选择是正确的，而那个将要跟他一起走进婚姻的女人未来的日子会很悲惨，因为她的老公放弃生活的斗志，只想平庸地活着，一直碌碌无为一生。

中国有句老话说得好："失败乃成功之母。"犯错和失败是人生中的常事，关键是我们不能放弃，试过以后的失败，总比不去试要好很多。没有一件事不经历失败就可以获得成功，所以不要害怕失败，坚持梦想，勇敢地走下去。

人生在世，要掌握自己的命运，做自己的神，活出自己的精彩，过着属于自己的人生。今天你可以穿得衣衫褴褛，明天可以穿着锦衣华服；今天你觉得心灵空虚，悲伤难过，寻求别人的帮助，也许明天你可以反过来帮助别人，成为别人的心灵导师。一切的改变在于你的取舍和决断。

人们应该控制住情绪，做情绪的主人，为了事业努力创造，才可以活得有意义，活得充实，用奋斗谱写生命乐章。

在风雨的舞台上展翅翱翔

人生是一场充满挑战的旅程，在追寻梦想的过程中，有阳光灿烂的艳阳天，也有狂风暴雨的时刻。走在自己选择的人生旅途上要勇敢前行，用尽全力抵抗风雨的侵袭，与艰难险阻做斗争，吃了苦、受了伤才能锻炼出坚强的体魄和良好的心理素质。

现实无情，飞翔的梦想总会遭到狂风暴雨的拍打，一不小心就会跌入万丈深渊。只有不向风雨低头，跌倒了再爬起来，迎着风雨继续前进，才能抵达梦想的港湾。

有一种老鹰，它的飞行时间很长、速度很快，被誉为“飞行之王”“鹰中之王”，被它们发现的小动物都难逃生天，这种鹰叫雕鹰。

小鹰出生没多久，就要接受母鹰残酷的训练，学会独自飞翔。说是飞，只比爬行好一点，可是幼小的它们必须“飞”，否则得不到母鹰口中的食物。

小鹰再大一些，母鹰把它们带到高处的树上或者悬崖边，把它们丢下去。有些小鹰因为胆怯不敢展翅而摔死，母鹰却必须继续对孩子进行训练。母鹰明白，不经过这样的训练，小鹰们就无法飞上高远的蓝天，也无法捕捉到食物，只能饿死。

还有更残忍的成长等着小鹰们。当它们学会飞翔后，母鹰会残忍地折断小鹰翅膀中的大部分骨骼，再次把它们从高处推下去，很多小鹰因为疼痛和胆怯而死亡。

雕鹰的翅膀骨骼再生能力很强，当它们折断翅膀后忍着剧痛不停地展翅飞翔，使翅膀不停地充血，很快能痊愈，就像神话中的凤凰一样死后可以重生，更加强健。如果错过这次机会，它们将永远与蓝天无缘。

有些好事者舍不得这个阶段的小鹰死亡，偷偷地把一些没有折断翅膀的小鹰带回家喂养。被喂养的小鹰成年后，两米多长的翅膀成为它们飞向蓝天的累赘，最多飞十米左右就落下来。蓝天对于它们来说只能是梦想了。

历经现实的酸楚凄凉后，我们要用宽阔的胸怀容纳流年的风霜雪雨。太阳的升起不是为了照耀某个人的生活，追逐梦想的路上，机会也不会偏爱某个人。机会喜欢那些脚踏实地、做事认真、为了理想挥汗如雨执着如初的人；机会讨厌那些好高骛远、做事马虎、三心二意的人。

羡慕别人做任何事都手到擒来的时候，扪心自问自己付出了多少努力，吃过多少苦，遭过多少罪。我们应该知道一个道理：天下没有免费的午餐，有付出才会有得到。

大学同学郭奎，工作业绩很好，人也聪明，可是在哪家公司都做不长久。当他失业时，我有个认识的老总需要一位行政经理，对于工作经验丰富的郭奎来说，完全可以胜任这个职位。

我把郭奎介绍过去工作没多久，老总在我面前大加赞扬，感谢我给他送去一位优秀的员工。

好景不长，半年后，老总很少在我面前提起他，甚至有些微词。有一天，我问他："老总，我的那位朋友工作得怎么样？怎么没听你提起他？"

老板犹豫了一下，说："他这个人不错，做事情的方法也多，办事能力很强，就是太不注意小节，还非常懒。"

我找到郭奎，把老板的话跟他说了一遍，关照他，工作要好好表现，把事情做好才行。郭奎点头，向我保证一定会改掉坏习惯。没多久，老总又在我面前夸他，可是好景不长，郭奎坏习性又冒出来，老总也满腹牢骚。

我问郭奎怎么回事，他告诉我："我不想做行政工作，应该去销售和市场部，那里才是我的舞台。"在我的建议下，他主动找老总说出想法，获得老总的认可，被派往深圳开拓新的市场，公司还给他配备了一辆车。

两个月过去了，新市场一点进展没有，老总觉得很蹊跷，去新公司查看，眼前的一切让他大失所望。公司配备的小车落满灰尘，而坐在电脑前的郭奎比两个月前胖了很多。

老总与隔壁公司的人员聊了会儿，对方告诉他："你说的那个胖子自从来到这里，就很少出门，整天坐在屋里打游戏，也很少出去吃饭，经常叫外卖，偶尔也会请我们帮他带份饭。"老总看着眼前的郭奎：因为长期坐着，他走路都一晃一晃的，眼看就要摔倒似的。老总委婉地劝他离开公司。

后来，老总对我说："这个小伙子很聪明，领悟力强，人也不错，就是太缺乏自制力，无法把一件事做长久。给他一个独立宽松的工作环境就完全失控，像没有刹车装置的汽车一样，只做自己想做的事情。我观察了他很久，他如果稍微有些自制力，那前途不可限量。"

缺乏自制力造成生命的浪费，影响目标的达成。有这样一句话："自我控制是修身立志成大事者必须具备的能力和条件。"自制力的缺乏严重阻碍人们性格的塑造和完善。当我们失去自制力，无法兑现承诺，会深深地自责，变得没有自信，整天唉声叹气，生活在痛苦和压抑中。

成功人士在现实生活中都很谦卑、低调、不张扬。他们没有因为超于常人的学识和贡献就觉得了不起，也没有放任欲望；他们提出更高的要求来控制自己，得到更多人的喜爱，获得更大的成功。

问过一位朋友如何才能拥有强大的自制力，这位做事有规划、自制力很强的女人皱皱眉头，说："我从来没有想过自制力这个问题，也没有这方面的困扰，只是当我明确自己要做的事情时，就想尽一切办法去做就可以了。"

现实生活中，人们抗拒不了诱惑，无法拥有自制力，总会不由自主地失控，导致梦想的破灭。

当我们无法坚持下去时，可以找些外力来帮忙，找一个有相同目标的同伴，互相监督，当然前提是这个同伴比你的自制力强一些或者不相上下。

听朋友说过这样一位女孩：

她是一位舞者，同时又是一个吃货，1.65米的个子只有90斤，对于平常人来说已经偏瘦，对于舞者来说却有点偏重。就像电影《芳华》里面的女舞者，经常与男舞者有托举的动作。轻巧的舞者，能够得到同行的喜欢，得到更多上台的机会。

她总是拒绝不了美食的诱惑，吃完后又后悔不已，很苦恼。

一天，她看到男舞者艰难地举起她，脸上露出痛苦的表情，让她产生强烈的负罪感。她明白，都是因为贪吃增加体重才会给别人带去负担，还影响舞蹈的效果。

后来，当她控制不住食欲，拿起美食时，眼前就浮现男舞者痛苦的表情，她果断地丢下美食，转身离开。时间一长，她控制住食欲，体重也慢慢降了下来。

现实生活里，人们经常会有积压的事情没法做完，想完成却被时间和精力限制。这时，他们会产生一种焦虑和痛苦的情绪，每天辛苦工作，却离梦想越来越远，觉得人生太失败，觉得人生没有希望。

人们应该及时调整心态，静下心来认真反思，不逃避错误，不要放任失控的情况继续下去。每天鼓舞自己一下，修炼自制力，不要放弃努力，才能慢慢变得强大，才能在现实的风风雨雨中活出自己的精彩。

雄鹰的梦想是搏击在蓝天里，穿梭在风雨中，翱翔在雷电里。每一次振翅高飞都锤炼着它们飞翔的能力，最终，蓝天成为它们广阔的舞台。人们也为了梦想，风雨兼程，锻炼着自己的能力。

现实会一点点打磨人们的棱角，吞噬人们的梦想。只要不放弃，把所有的磨难当成坚强的理由，所有的坎坷当作成功的起点，拿出迎难而上、不折不挠的精神，坚定不移地去做，每一个梦想都会开出美丽的花朵，结出成功的果实。

心比天高，命如纸薄的“立志者”

俗话说：“无志者常立志，有志者立长志。”意思是没有志气的人经常立各种志向，有志气的人志向不多却可以坚持很久。志向是一种信念，也代表着一种理想。

“常立志”的人朝三暮四，不停地变换着理想，在走向理想的路上，感到困难和痛苦就找各种理由逃避。他们今天想当科学家，明天想当企业家，后天又觉得科学家太难，企业家太俗，想东想西，最后一事无成。他们遇到困难就改换门庭，换新的目标，还自叹是“心比天高，命比纸薄”。

“有志者立长志”，一个人有了信念的支持，有了理想的鼓励才会有拼搏的动力，在前进的道路上遇到困难或失败时会坚定不移地闯过去。他们总结失败的经验和教训，跌倒了再爬起来，达到他们想要的目标。

很多人经常给未来做各种计划，却坚持不下来，这是因为我们需要实现计划的动力。人们都希望能够追求到梦想，收获快乐和幸福的生活，希望失败和痛苦远离自己。帮我们达成志向的动力有两种：趋向和远离。

公司会有全勤奖，只要按时上班，不迟到早退，到了发工资的时候就可以拿到这个钱。后来，公司领导发现，一部分职工每天上班都不迟到，月月能拿到全勤奖；可是有一部分职员却经常迟到早退，没有拿过一次全勤奖，他们放弃自己，就不争取这个全勤奖。

公司领导觉得这样不行，本来是鼓励大家不要迟到早退，却只约束了一部分职员，让另一部分人更加自由散漫。公司制定了新的制度，迟到早退的人不仅没有全勤奖，还要扣工资，迟到三次记处分，记了三次处分的职员就直接开除。

这项制度公布出来后，公司里的职员很少有迟到早退的现象发生。

每天早晨，职员们躺在温暖的被窝里被早起的闹铃吵醒时，非常痛苦，不愿意起床。以前他们给自己打过气，要拿到这个月的全勤奖。制度改革以后，他们则劝告自己，如果起不来，拿不到全勤奖是小事，被记处分，连工作都没有就麻烦大了。

对于职员来说，没有全勤奖是影响志向动力中的“趋向”，在实施不迟到早退的目标时，收获快乐和金钱。远离处分就是动力中的“远离”，远离处分带来的痛苦的后果，让职员们不再迟到早退。

很多人觉得自己很优秀就心高气傲，可是他们的能力赶不上心中的野心，又不肯脚踏实地地做事，只能怨天尤人地感叹自己“心比天高，命比纸薄”。

志向可以点燃人生路途上的明灯，照亮人生，让过去的是是非非和未来的道路在亮光下明晰起来。人最怕没有志向，没有志向的人生就像走在一团迷雾中，不知道未来在哪里，就算有能力也只能在迷雾中挣扎，无法得到想要的生活。迷茫的人不知道应该怎么办。

前一阵子，公司招聘来一个大学生。这是个规模不大正在创业阶段的小公司，因此公司老总希望招些高学历的职员，给公司带来更多的活力和更高的经济效益，提高公司职员的整体水平。

可是这个大学生，有高文凭就看不起那些学历不高却努力工作的同事。主管让他做事情，要三请四邀，他才不情不愿地去做。领导安排他学习与工作有关的技能，却被他敷衍了事，做的工作让人很不满意，需要返工的时候也多。

后来，公司老总对这个大学生彻底失望了，不再另眼相看，把他安排在普通的岗位上。

那位大学生觉得自己拥有高学历，懂得比别人更多，就很了不起。可是现实社会里，不会有人像在学校里那样教他怎么做，一切要靠自己独立完成，还要学习与陌生人相处的交际能力。

他完全适应不了现实，还觉得自己很了不起，最后被排挤，成为“心比天高，命比纸薄”的人，最终只能离开公司，开始另一段相似的工作旅程。

不能经常性地把人生推倒重来，从头再来的人，会遇到更多的困难，经历更多的痛苦，迷茫地过完一生。

因为目标太遥远，只能立志一步步地靠近，有些人把大目标分成许多可以执行的小目标。他们清楚地知道与大目标之间的距离，于是努力增强自制力来实现每一个小目标。完成一个小目标，就离大目标更近一些，自觉克服困难，坚定不移地向着大目标前进。

心理学家做过一个实验：

有三组人向着十千米外的三个村子进发。

第一组人什么都不知道就出发了，他们不知道村庄的名字，不知道要走多远，只知道跟着向导走就行了。走出两三千米，有人开始叫苦；走到一半时，很多人开始抱怨路程太远，不知道路的终点在哪里，充满着迷茫，有人坐在路边不肯再往前走。

第二组人知道村庄的名字和路程的多少，可是一路上没有标注着公里数的里程碑，他们只能凭经验计算时间和距离。走到快一半时，大多数人累得不想动了，互相询问走了多远。有经验的人说：“走了一半路程。”于是，大家继续向前走。快到终点时，人们的情绪开始低落。当有人说“快到了”时，大家只能强迫自己振作起来，继续向前走。

第三组人知道一切信息，路边每隔一千米会有一块里程碑，人们有说有笑地向前走，情绪一直很好，很快到达了目的地。

没有志向的人往往自由散漫，把大好的时光和精力浪费在鸡毛蒜皮的小事上，把宝贵的生命消耗在没有价值的事物中。我们身边那些苦恼、无聊、缺乏自制力的人经常随波逐流。没有志向的人，他们把欲望当成活着的意义，庸俗地活着。

人们立志向，就是要从混沌的人生中醒来，拨开生命的迷雾，知道过去和得失，看清楚未来的方向。不是对自己之前的努力加以否定，而是让身上好的习惯更加好，坏毛病更少。

志向的高低和成就的大小成正比，有大的志向就会有大的困难和挫折，挺过这些艰难，就会收获更大的成就。放松心态，立个适合自己的志向，坚定不移、不怕困苦地走下去，没有人能随随便便成功。

你的穷困潦倒，完全是咎由自取

每一个人的人生都充满着无限的可能，勇敢面对人生路上各种各样的挫折，用平和的心态去面对，才能成功。人是自己的命运的主宰，只要不懒惰，不是一个混吃等死的人，就不可能穷困潦倒一辈子，总有崛起的时刻。

懒惰是人们心理上的一种消极情绪，让人觉得放松和安逸，实际上带来更多的无聊和倦怠。长期懒惰下去，人们就消磨了斗志，不愿意拼搏。懒惰让人们心胸越来越狭窄，总是怀疑人生，日渐消沉，过着行尸走肉般的生活。

懒惰的表现形式有很多种，主要表现为极端的懒散和犹豫不决。生气、嫉妒、厌恶等不良情绪也会引起懒惰，让人们无法按照自己的意愿做事。

有一天早晨，当手机的闹铃响起时，我拿起手机一看，都快到上班时间了。我急忙起床穿上衣服，快速又简单地洗漱，拿起包冲出家门，匆忙往楼下走。当下了楼，我才想起，今天是周末。

这一切的糊涂事都是因为早晨那个不应该响起的闹铃，怪我昨天晚上忘记把手机闹钟的叫醒功能关上。其实昨天我想过关闹钟，当时正在玩手机游戏，就对自己说："过一会儿再关吧。"

睡觉前我还想起关闹钟这件事，但就是不想动手去点开手机上的闹钟设置，然后就睡着了。

出现这样的乌龙事情，究其原因还是我有着极端的懒散，懒得不愿意去做一件简单的事情。

懒惰是人类的本性，总是想把事情拖到最后无法再拖的时候才去做。往往很多计划好的事情，却没有如期完成。

当懒惰变成习惯时，就会对做事情失去激情和主动性，慢慢地养成拖沓懒散的坏毛病，耽误很多事情。

如今，谈癌色变的社会里，有一种"癌"却被人们津津乐道，人们称它为"懒癌"。"懒癌"不是真的病，而是指那些懒得动，甚至为了不上厕所，不喝水，就躺在床上比赛"谁最懒"的一群人，按他们的话说："不要和我比懒，我都懒得和你比。"

懒惰让他们遇到事情停滞不前，过得浑浑噩噩还觉得理所当然，最终自食其果，变得穷困潦倒。

有一个故事：

商人用两匹马分别拉着两辆大车运货，前面的一匹马走得很平稳，按着主人的要求向前走着。后面的那匹马却经常停下来休息，无论商人怎么呵斥和鞭打都没用，它就在原地打转，不往前走。

商人没有办法，把后面车上的货物往前面车上搬。等到后面这辆车上的货物搬完了，后面的马轻快地向前走。它走过前面那匹马时，说："你看你一直这么辛苦，努力着，可是你越努力，别人给你的任务越多，你不累吗？"前面那匹马没有理睬它，继续向前走。

路边有个车马店，商人对店里的老板说："我现在用一匹马就可以拉货，可是却要养两匹马。我决定好好喂养这匹可以拉货的马。不能拉货的马没有实际的用处，你帮我把那匹不拉货的马宰掉，我们饱餐一顿马肉，还可以得到一张马皮。"之后，老板就把那匹马宰掉了。

懒惰会受到现实的处罚。那些懒惰的人，享受不到收获的快乐，会被社会遗弃，成为生命的弃儿。

下面这个故事在现实的生活中屡见不鲜：

朋友张春号在一家贸易公司上班。她对工作非常不满意，对我说："我们老板根本看不起我，每次发奖励都没有我，可是出苦力跑腿的时候就想起我。我辛苦工作却得不到应有的报酬，跟着这样的老板，实在没劲，我想辞职不干。"

我问她：“你对公司的业务了解吗？你可以独立完成老板安排的任务吗？”她想了下，摇摇头。

我说：“你要想走也行，不过我建议你把公司的工作流程学会，还要学会处理办公室一些应急的小事故，比如说修理复印机的小故障等。你就把公司当成免费学习的地方，你学到了技能再辞职，不是更好吗？”

张春号觉得有道理，留下来继续工作。她每天努力完成自己的工作，下班后还留在办公室里研究商业文书。公司里常用的设备坏了，她会主动帮助修理的技术人员。

时间飞逝，一年过去了，我没有看到张春号离开原来的公司，就问她：“你现在该学的东西应该都学会了，可以跟领导拍桌子辞职了吧？”

张春号告诉我她还没有辞职，也不准备辞职了。她笑着说：“我觉得现在老板非常重视我，不断地给我安排重量级的工作，我升了职还加了薪，现在是公司里的红人。”

我点点头说：“对啊，当初老板不重视你，是因为你自身能力不足。你根本没有意识到自己的不足之处，也不去努力工作，你这样的职员换哪样工作，跳槽到哪个公司都是一样的待遇。经过你的努力，提高了工作能力，当然引起老板的重视。”

很多职场员工觉得公司老板不重视他们，他们应该问下自己：“我有哪些地方或者哪些优点可以引起老板重视呢？”

收起懒惰，勤劳一点，职场不是在家里，没有人容忍你的懒惰。你应该全力以赴、尽职尽责地做好本职工作，学习更多的知识，提高自身价值，才能引起别人的注意，得到想要的结果。

平凡的职业、低微的岗位上蕴藏着更多的机会。因为要求不高，可以让你一步一个脚印地往上走。把工作做得比别人更快更好，施展自己的聪明才干，才能得到更多的赏识。

黄龙大学期间写过三本网络小说，虽然那时的他不看网络小说却也与网站签约，每天只要疯狂地写就可以拿到稿费。什么都不懂的年纪，写得很烂，不过他很开心。

网络小说的平台很低，只要会写，能写，就可以签约，这些“作家”会发出相似的感言：“我没钱，没好工作，上学时成绩也不好，写小说就是赚个零花钱，改善下生活。”

很多作者为了完成当月的任务，不停地写着，没有更高的目标，成为码字工具。而黄龙则不再写网文，开始正儿八经写书。

几年后，在他的努力下，他出版了书籍，稿费比当初写网文一个月的稿费还要高。而当初那批与他一起签约的“作家”还奋斗在码字阶段。

他们害怕改变，懒得改变。他们可以说出很多网文“大神”的名号来提高自己的地位，却没有认真分析“大神”们的方法，不学习优秀作品的逻辑、架构和脉络，陷在自己的世界里空想，堆砌着没有趣味的文字，只是为了完成基本的任务就浪费了青春和宝贵的时间。

电影《少年巴比伦》里有句台词：“一个没有工作一事无成二十几岁的年轻人，多半会把自己想象成一个作家。”

人生道路漫长，大多数人穷困潦倒是因为自身不够努力，整天生活在幻想里，过着平庸的生活是他们咎由自取。人们应该克服懒惰心理，勤于思考，学习更多的知识，让思想和行动统一起来，不畏艰难和困苦向前进。

所谓岁月静好，原来是“懒”的美丽借口

“岁月静好”是张爱玲与胡兰成结婚时，胡兰成写在他们婚书上的文字：“岁月静好，现世安稳。”他承诺给张爱玲一个安稳的生活，一个平安宁静的未来。但是到了最后，胡兰成还是辜负了张爱玲，因为他懒得去争取，享受着张爱玲带给他的快乐、名誉和金钱。

很多人向往着岁月静好的生活，看上去与世无争，一切随缘，实际上是不愿意付出努力，消极地逃避困苦的现实，碌碌无为地过着每一天。

刚参加工作的年轻人，面对繁杂的现实社会，不得不经历岁月的磨砺，承受着残酷的现实带给他们的痛苦。生活就要吃饭睡觉，每天的食宿是他们必须面临的困难，需要钱才能解决。住在自己买的房子里，没有任何人可以撵你出去，实现经济独立，才能够享受岁月静好的生活。

年轻人养活自己都成问题，他们口中的“岁月静好”，往往只是想躲避现实赋予他们的责任，为懒惰找个逃避的理由。

朋友高昌明说了他的工作经历：

大学毕业后，参加工作的高昌明从没有在一家公司里面做足三个月。经过无数次跳槽，他到了一家工作环境和待遇都挺不错的外资企业，但是辛苦的工作让他又动了跳槽的念头。工作之余，他经常去人才市场转悠，希望能够找到一家比现在更好的公司。

这一天，他正好休假，一位准备回家过节的朋友请他帮忙去车站买张车票，他爽快地答应了。当他来到车站，到处人山人海，售票大厅里挤满了人，每个售票窗前都排起了长队。

高昌明看着拥挤的人群想离开，却又不能失信于朋友，只有硬着头皮加入长长的队伍里，跟着人们的步伐缓慢地向前移动。

突然，高昌明的那条队伍前方起了争执，等了十分钟都没有往前走一步。他踮起脚尖，看到窗口里面的售票员和窗口外面买票的人起了争执。隔得有点远，高昌明听不清楚他们说话的内容，看情况一时半会是解决不了。他懒得等他们吵完架，就以最快的速度跑到旁边，排在另一条队伍的最后一个。

队伍缓慢地往前走着，高昌明觉得自己这条队伍的速度没有旁边那条队伍的速度快。他发现旁边那个窗口售票员的办事效率很快，那条队伍往窗口移动的速度也快。他考虑了下，不想把时间浪费在等待上，果断地排到那条队伍的最后一个。

因为相似的理由，高昌明又换了一次队伍。当他准备换第五次的时候，突然发现，那些曾经站在他旁边的人已经排到了队伍的中间，距离售票窗口越来越近。他反复选择，仍然排在队伍的尾巴上。

高昌明静静地随着队伍往前走，一个小时后买到了车票。走出车站，想起买票经历，联想到自己这几年无数次地跳槽，他明白了一个道理：只要踏实等待，成果自然会到来。

回到公司，他脚踏实地地努力工作，不再逃避现实带给他的困难。他明白工作上的困难会一直存在，不会因逃避就消失，每一次的跳槽还会面临相似的困难，只有勇敢地迎上去，想办法解决困难，才能够得到理想的结果。

有些人过着自己想要的生活，而有些人只能用羡慕的眼光看着他们。想过上安逸的生活，却不想好好上班，连吃饭、睡觉的资本都没有，有什么资格选择“岁月静好”?

成功人士有维持这种生活所需的金钱。这些金钱靠他们的努力挣来，所以用得心安理得，活得现世安稳，享受“岁月静好”的平淡生活。

我有位好友是一家设计公司的首席设计师，几年前的一天，她辞去高薪的工作，放弃了十几年的工作经验和熟悉的生活环境，带着多年的积蓄离开方便快捷的一线城市，回到家乡。

她带着老公在附近的大山里租了间民居，过起了半隐居的山野生活。

夫妻俩把租的二层小楼装饰得古香古色，吸引着亲朋好友前来度假。他们远离城市的喧嚣和雾霾，享受大山里清新的空气，过着美好的田园生活。

他们在屋前种下几棵果树，屋后开垦出一块菜地，在附近山民的指导下种了新鲜的蔬菜。好友甚至跟山民们学习织布。她在朋友圈里晒用自己织的布做成的衣服，看上去非常朴素，充满着原始的气息。

照片上她和老公穿着朴素的衣服，坐在古香古色的房间里，茶桌上放着古朴典雅的茶具，两个人脸上都带着满足的笑容。在他们的身上还有窗外阳光洒下来的光芒，一派田园风光，岁月静好的景象。

他们安逸的生活是经过十几年打拼得来的，他们也经历过辛苦的工作，经常为了完成一个项目而加班加点。人们只看到朋友有辆让人羡慕的高档车，却看不到他经常开车穿梭在危险的工地上，那份辛苦不是普通人能够承受。他每天承受着沉重的工作压力，才有今天让人羡慕的生活。

岁月静好，并不像表面看到的那样美好，要付出很多代价才能够支撑起安逸的生活。懒惰的人不可能也没有能力享有这样的生活。

我有两个大学同学，都喜欢岁月静好的生活。

同学杜丽走入社会，遇到困难时，她会努力克服困难，达到想要的结果。看上去娇滴滴的女孩子，为了与男友在大城市里拥有一个属于他们的小窝，辛苦地做着几份工作。

偶尔接到远方的父母打来问候的电话，她总是快乐地告诉他们一切都好。当电话挂断的那一刻，她痛哭流涕。很快，她就会振作起来，继续为了理想而努力奋斗。

经过现实的磨炼，她从一个青涩的学生变成一个成熟的社会人。虽说她年纪不大，但是她经历的比一般人多。后来，她被公司派去美国培训，看着她在朋友圈晒的照片，一个靓丽、充满朝气的女孩子，安静地坐在白宫前的长椅上发呆，一幅岁月静好的美丽画面。

而另一位同学小雪，毕业后进入职场工作，她说："职场里太多的钩心斗角，我不喜欢，我想做老板，开店！"我们告诉她，哪里都有钩心斗角，这才是生活的本来面目，只有勇敢面对，想办法解决才行，要不然走到哪里、做什么工作都会遇到差不多的情况。

小雪不听劝告，四处借钱，按着她的心意开了一家古香古色的客栈。她强调自己营销的理念是不争不抢，做喜欢的事情。经常看到她在朋友圈里晒客栈的照片：桌上放着一杯飘着热气的咖啡，旁边有一只慵懒的小花猫。她喜欢这样安逸的生活，发在朋友圈的照片也让我们感觉到她的"岁月静好"。

客栈有这么一位不善经营又不愿意与人接触的老板，根本无法盈利。后来，没有朋友再愿意借钱给她填补客栈的财务窟窿。很快，她的小客栈就倒闭了，她还欠着朋友们一大笔钱。

残酷的现实摆在她的面前，她无处可逃，却又不愿意去工作，陷入深深的迷茫里。

一种是努力过后，得到自己想要的恬静生活，用实力为自己创造的岁月静好；另一种只有表面的光鲜和亮丽，实质上是太懒惰，不愿意付出辛劳，只想过着安逸的生活，最后一败涂地。

有句歌词写得好："不经历风雨，怎么见彩虹。"一个连生活的风雨都不愿意面对的人，用软弱和懒惰去逃避现实，那不叫岁月静好，是不愿意承担责任，就是懒。

人们经历了残酷的生活，学会在人生的海洋里沉浮，才知道岁月的沧桑，生活的不容易。我们要顶住现实的压力，为自己理想的生活创造更多的财富，才能安然地享受岁月静好。

把帽子扔过栅栏，远离吞噬你的恶魔

每天，人们有很多事情要做，工作、生活、交际等。有些事如果不马上完成，就会选择拖延，给自己一种错觉：事情都在掌握中，现在我有点累了，休息一会儿，剩下的事情明天再做也没关系。

拖延带来的舒服感麻痹了人们，忘记拖延带来的负罪感。于是继续拖延，无法完成导致任务失败，或者到了任务的最后期限才匆忙开始，最终以失败告终。

朋友朱强在他18岁的时候有个美好的梦想，希望考上理想的大学。他的梦想并不遥远，除了英语的成绩差些，其他科目非常好，他只要在英语上努力就可以进入梦想的大学。可是，他非常惧怕那些枯燥的英语单词，总对自己说，明天再背吧，然后明天变成后天，直到快考试，他都没有背多少单词，最后他的大学梦想只能是一场空。

在他25岁那年，他希望能娶到喜欢的姑娘。当时的他善良淳朴、高大帅气、勤奋踏实，周围的很多女孩子都喜欢他。可是，他却没有勇气向喜欢的女孩子示爱，他觉得自己没有房子、没有车子也没有存款，对方不可能喜欢自己，他连与对方交往的勇气都没有。

朱强总是对自己说："我还没有准备好，明天再跟她表白吧。"明日复明日，明日何其多？我生待明日，万事成蹉跎。结果，对他有好感的那位女孩子接受了另一位小伙子的告白，成了别人的女朋友，他的梦想又成了一场空。

27 岁那年，生意场上的他非常有天赋，有希望成为一个成功的人。当时他看中一个项目，这个项目有很大的发展前途，可以为他带来不菲的财富。遗憾的是他害怕风险，舍不得放弃眼前的安逸生活，权衡再三，把项目转让给了别人。当别人赚得丰厚的回报时，他只有羡慕的份儿。

有了目标，不能站在原地等着机会降临，要马上行动起来。就算是前方的路上布满荆棘，到处是坎坷和磨难，也不能让拖延控制自己，否则梦想只能是梦。有拖延症的人会生活在彷徨里，只能看着别人收获满满，自己双手空空，他们的生命只剩下悔恨。

在网上看到一个故事，名字叫《把帽子扔过栅栏》：

小时候，乔治的父亲经常对乔治说一句话："不要拖延，要把帽子扔过栅栏。"帽子是乔治心爱的东西，父亲告诉乔治，当他面对一道难以翻越的栅栏，想往后退缩的时候，就把帽子扔到栅栏的另一边。为了心爱的帽子，乔治强迫自己想尽一切办法翻越这道栅栏。如果不翻过去，帽子就会被别人捡拾走。所以无论有多困难，他都会逼着自己用最快的速度取回帽子。

乔治的父亲 20 岁时，离开家和亲朋好友，驾驶着一艘船来到一座陌生的城市，当时除了船，他一无所有。他要在这个城市里生存，就要找到工作。

这座城市是周围人们的梦想之都，每天有很多人来到这里寻找着梦想。工作是他们面临的首要问题，所以这里的工作非常难找，乔治的父亲在城市里奔波了几天也没有收获。

他想放弃在城市里艰难的生活，驾驶小船回到安逸的家乡。可是，回到家乡他不仅无法帮助家人改变贫穷的生活，还要家人为他操心。看着眼前热闹的城市，他明白这里到处都是机会，于是决定留下来。

为了能够在这个城市里生存下来，断绝回家的念头，他卖掉小船换得维持生活的金钱。没有退路的他，只能拼命地想办法挣钱，不敢有半点拖延，他明白自己只能前进。

很快，他找到一份工作，尽管收入很低，却让他在这个梦想之都暂时生存下来。

通过坚持不懈的努力，他一步步地走向成功，拥有了自己的公司和巨大的财富。

生活中总会有些该做却一直拖延着不愿意去做的事情，我们找各种借口，告诉自己：“我现在没有时间，一会儿再做。”或者说：“这件事情太难，等我有能力了再去做。”

短期内看不到拖延给我们带来的危害，时间久了，看到别人享受成果时，才发现自己落后了很多，心里有很大的失落感，陷入深深的迷茫。

俗话说得好，“万事开头难”，一件事情，最难的是开头的那段时间。就是这个困难的“开头”让很多人畏首畏尾、瞻前顾后，想得多而做得少，总想着往后拖延。当机会转瞬而去时，他们只能后悔莫及。

有人做了调查，发现世界上的成功人士都有一个共同点：当他们认定一件事，就会坚定不移地用最快的速度完成。无论面临多大的困难，也不管将来成功还是失败，都不会拖延。

半个月前，有位朋友请我帮忙写一篇演讲稿，我觉得一篇演讲稿三千字就差不多了，花两天时间就可以完成，于是，我跟他约定三天后给他。

周一，我搜集相关的素材，思考如何写这篇稿子；周二，我开始动笔写草稿。写稿的同时，我并没有全身心地投入。写了两行字就去刷微信，看博客，QQ 里说两句话，群里为某件事争论起来，作为吃瓜群众的我也会上去插一脚。

分心的结果就是文章写得乱七八糟，语句不通顺，资料跑题，只有重新开始，时间就这样被我浪费掉了。

周三早晨坐在电脑前，看着没有完成的稿件，下午就要给朋友发过去，想到自己将成为失信的人，内心充满焦虑，后悔前两天的拖延。

我告诉自己，今天在稿子完成之前，任何与稿件无关的事情都不能做。我把手机开了静音，打开没有写完的稿件，专心写起来。很快，初稿就完成了。习惯性地摸向手机时，一股强烈的自责从内心深处升起，好像有个声音在说：“你的任务完成了吗？一天而已，不会有人找你的。”

确实，我消失个几天，估计也没有人会找我，压下心里那份自责，专心修改稿件。经过努力，我在预定的时间里发送给朋友需要的稿件，得到朋友的肯定，心里充满了快乐。

快节奏的生活里，充满各种诱惑，总能打败人们的意志，影响人们的工作和生活。有趣的游戏充斥网络，让人们体会到一种发自内心的快感，欲罢不能；而艰难的工作让人厌烦。

人们会不由自主地放下手中的工作，打开游戏界面，告诉自己："我只玩一会儿，让自己轻松一下，再继续痛苦的工作。"很快时间过去了，工作还是没有完成。

有成功学家说过："成功没有什么了不起，就算你资质很平庸，如果坚持用十年时间做一件事，也可以把那些比你优秀的人抛在脑后。"就像《隋唐演义》里的程咬金，他资质不如别人，却用三板斧让敌人闻风丧胆，成为一员大将。

人们想要获得成功，不仅要付出汗水和心血，还要承受压力和痛苦，遭受伤害和屈辱。我们明白，通往成功的路上，苦难是不可避免的，却可以让我们积累经验，在需要的时候迸发出巨大的力量。很多成功人士就是凭借着这股力量到达成功彼岸的。

一半是天使，一半是魔鬼

哲人说："人的一半是天使，一半是魔鬼。"意思是人具备两种性格，"天使"指人身上的好品质——诚实、正直、廉洁等；"魔鬼"指人身上存在着劣根性——邪恶、残暴、奸诈等。如果一个人的“佛性”占上风，人就成了高尚的天使，是人们仰慕的对象；如果“魔性”占了上风，就成了可憎的魔鬼，在黑暗里张牙舞爪。

强大的自制力让人们选择成为天使，控制住魔性的欲望。有人说，自制是一时的，而失控才是人生的常态，所以决定了世界上只有少部分人才能够克制住各种欲望，少数人才能成佛。

大部分人对事情总是三分钟热度，为现状焦虑，又没有能力改变。他们做得最多的就是放弃努力，让身上的魔性占上风。放任懒惰的行为，找各种借口逃避现实。

苗壮上大三时，经常在微信上找我聊天，向我抱怨大学生活无聊，感觉非常空虚。他告诉我：“我的大学生活就是重复着前一天的生活，每天早晨起床去教室上课，晚上去食堂吃饭，回到宿舍跟舍友们一起打游戏。我现在不想玩游戏，看着游戏就反感，又没有别的事可做，每天都烦躁不安。”

我问他：“你怎么不多读些书，不要到考试的时候才临时抱佛脚，而且你还可以看些自己感兴趣的课外书。”他回答道：“宿舍里那么吵，我怎么看得下去？大家都在玩，就我一个人看书，会被别人笑话。”

我说：“你可以去图书馆或者自习室里看书啊。”他推托道：“图书馆离我的宿舍太远，路上要浪费很多时间。”

我继续建议：“大学里不是有很多社团吗？你可以约同学们一起去打篮球、跑步或者参加活动。”他回答说：“白天上课让我累得精疲力尽，实在提不起精神去参加社团活动。”

看着他有那么多理由，我终于明白了，说：“其实你并不是没事可做，只是你不想做。”

他说：“我能怎么办，舍友和朋友们都在打游戏，难道就是我有问题吗？”

苗壮把沉迷于游戏的责任推卸到别人身上。他不想打游戏，只是因为别人打游戏，所以他才随波逐流。因为外在的原因和影响，他只能消极应对，最后把多姿多彩的大学生活过得迷茫无助，无所事事。

天使和魔鬼在人们的头脑里挑起战争，让人们的决定摇摆不定：是魔性地放任欲望，及时行乐，还是佛性地克制住欲望，向着精致人生迈进？

趋利避害、逃避责任是人类的天性，只有自制力才能够与之抗衡。不管是控制或者放任、成功或者失败，自己才是自己生命的主宰，走什么样的人生路都是自己的选择。

曾经，有人问网络作家唐家三少：“你怎么能写出那么多书，还可以保证十几年如一日地更新网文呢？”他回答道：“我能够控制自己的行为，再苦再累，都会坚持每天更新文章，那是我的理想和工作。”

他曾经在微博上写道：“我写了 12 年小说，每天更新七八千字，12 年一天都没有断过。”在他的写作生涯里，有些好事的人们曾经打赌：唐家三少何时断更。

他结婚的当天晚上，送走最后一位客人后，洞房花烛夜，他却坐在电脑前完成当天的更新。

30 岁生日那天，他发着发高烧，一个人躺在阁楼上，病痛的折磨让他变得软弱，感到非常寂寞和孤独，他想放弃自己坚持的一切。可是8个小时后，感冒好了些，他就把笔记本拿出来，放在被子上，继续更新文章。

唐家三少靠着极强的自制力过着规律的生活，有一年他敲坏了5个键盘。他就像一部机器般，在自己设置的轨道上急速行驶，这样强大的自制力让他多次登上“网络作家富豪榜”。

高强度的写作让唐家三少的身体向着他不可控的方向发展。长期坐在电脑前，他的颈椎、脊柱和腰出现了各种问题，脖子扭动角度不能超过10度。接受杂志采访时，摄影师让他把腰再弯一些，他笑着对摄影师说：“我的腰动不了了。”

唐家三少有个目标，想写出像作家倪匡一样多的文字。据说，倪匡已经写了大约5000万字，而他在连续不断更的日子里也创作了近4000万字。他想把自己的书摆满家里的大书柜，他的梦想已经实现，而且超出很多。有出版商感叹道：“他的成功是因为他有强大的自制力，他就像一台写作机器般的精准。”

他严格地规划着时间，把一天中最好的时间留给写作，隔绝一切影响他写作的因素。他戴上隔音耳机，写作30分钟休息10分钟，雷打不动地完成当天的更新任务。写作之余，他喜欢花钱买些不花时间的玩意儿，比如古玩、红木或手表等。

2016年，唐家三少以总收入1.1亿元荣登网络作家富豪排行的榜首，他的收入超出第二名、第三名收入的总和。自律的生活给唐家三少带来丰硕的回报，成为人们争相模仿的“大神”。

古人说，磨刀不误砍柴工。适度地调节下生活节奏，让身心得到适当的休息，是为了进入更好的工作状态。学习累了，读会儿课外书；读书累了，写会儿文字；写字累了，听会儿音乐；等等。让大脑始终保持清醒，这样做起事情才能事半功倍，取得更好的效果。

有部国产电视剧《人民的名义》，里面有很多老戏骨，不仅演技了得，连身材也是几十年如一日地保持健美。

剧中扮演沙书记的演员张丰毅，有60多岁了。当他脱去上身的衣服，身上的6块腹肌让人们看着眼红。他保持身材的秘诀就是从来不沾烟酒，每天早晨7点起床跑步，下午去健身房锻炼身体。

拍戏的时间黑白颠倒，但张丰毅在任何条件下都会坚持运动。他说："睡前，我会抽空锻炼一下，第二天也会比别人早起半个小时做运动。"

剧中达康书记的扮演者吴刚也有50多岁了，剧中的他背阔胸宽，身手矫健。他在剧中毫不费力地爬上脚架的镜头，给观众们留下深刻的印象。他保持身体健康的秘诀是坚持跑步和运动，和张丰毅一样，有空的时候就去健身房。

强大的自制力让他们在拍戏时保持良好的状态，看上去比年轻的演员还精力充沛。

我们周围一些刚过30岁的男人，腆着啤酒肚，眼神越来越浑浊，年纪轻轻就进入衰老状态。缺乏自制力的他们对未来一片迷茫，如行尸走肉般活着。

德国著名的思想家康德说过，假如我们像动物一样，听从欲望、逃避痛苦，我们并不是真的自由，因为我们成了欲望和冲动的奴隶。我们不是在选择，而是在服从。

对于成功者来说，自制力已经融入他们的生命，成为他们灵魂的一部分，甚至超越了他们的本能。拥有自制力，才能使他们与众不同，活得更精彩，活出精致的人生。

一旦拥有梦想，你终将势不可挡

梦想不是昙花一现，而是经过现实的历练后经验的沉淀和积累，最后水到渠成，收获梦想。梦想之路上，最困难的是选择“坚持”而摒弃“放弃”。坚持很难，放弃很容易。“坚持”是人生牌桌上一张制胜的底牌。

梦想不是绚丽的肥皂泡

年轻时，人们会有一个个缤纷美丽的梦想，像一个个晶莹剔透的肥皂泡，散发着绚丽的光彩，化成彩霞般的流云，飘向远方。随着年龄的增长，现实生活像饥饿的野兽，疯狂地吞噬着人们的梦想，让人们麻木又平凡地过着自己安稳的生活。

生活在继续，梦想不会死去，只是换了一种更为卑微的姿态深埋在心底，等待着人们用奋斗和汗水滋润它。要明白，世界上没有人可以随随便便获得成功，每一项成功的背后，都隐藏着艰苦的努力和坚韧不拔的意志。

有一位名牌大学毕业的高才生，毕业后怀着梦想参军入伍。这位理工科高才生进入部队后，却没有被分到机关或者技术分队，而是住在大排房里，与普通的士兵一起同吃同练，还要做值勤、打扫卫生之类任何人都能做的琐事。

高才生非常苦恼，觉得现实与他的梦想差距太大，专业不对口，生活单调没有挑战，还要被严格的纪律约束着，他陷入“怀才不遇”的迷茫里。

迷茫的他在部队的局域网里发出邮件，与领导辩论，质疑部队任职制度的有些规定很不合理，觉得自己这匹千里马被埋没在普通的马群里，需要伯乐来发现。他在邮件里发出感慨："金子埋藏在泥土里就与沙砾差不多，人们发现金子才能给它应有的价值。"言下之意，他是那块被埋在泥土里的金子，需要被人发现。

领导不同意他的观点，告诉他，虽然他从学历和素养上来看是个人才，但不是一个具备办事才能的人，更不是个军事人才，需要经过部队纪律的磨炼，经历基层生活的打磨。领导劝导他："你现在应该放下高才生的身段，做好本职工作，先成为一名合格的战士。"

领导的话让这位高才生排长反思了自己的行为，他突然发现确实有很多地方做得不够好：组织能力他不如年纪比他小的班长；政治教育时，他做不出一个好的课件，说得战士们昏昏欲睡；理工科出身的他对于武器装备的维修也插不上手。

高才生发现，梦想过于丰满，而现实却很残酷，他不懂的东西太多。后来，他主动辞掉排长的头衔，从头再来，从班长做起，学习军旅生活的一点一滴。

经过一段时间的历练，他的专业素质和能力提升很快。领导把他的努力都看在眼里。他用实干显露出高才生的才华后，被一路提升到连长，为部队做出了更多的贡献。他最终把梦想变成了现实。

"当你的才华还撑不起你的野心的时候，你就应该静下心来学习；当你的能力还驾驭不了你的目标时，就应该沉下心来历练。"安静下来，用学习充实自己的内涵，增加才华，才能够驾驭梦想，到达目标。

梦想不是昙花一现，是经过现实的历练后经验的沉淀和积累，最后水到渠成，收获梦想。如果把自己比作一只向往蓝天的鸟儿，梦想是鸟儿的躯体，才华是翅膀，当梦想丰满而才华骨感时，想飞也飞不高。

看过一部电影《奋斗》，讲述一群性格迥异的80后大学毕业生从全国各地来到他们的梦想之都北京。当梦想与现实碰撞时，他们要面对很多问题，首先是就业，没有工作就没有生活来源，无法在大都市里立足。

电影中的主角陆涛一直为梦想而努力奋斗，他明白一个道理：不奋斗，梦想只能是幻想！可是现实很残酷，来自外地的他只能做着低职位的工作，人们用不屑的眼光看着努力工作的他。他努力工作，却总是被别人压制着，他夜以继日地奋斗，在别人眼中却一文不值。

他被残酷的现实压得快要垮掉，面对诸多不公平的对待，他想到了放弃。如果放弃了，他的梦想就只能是梦想，曾经的努力都付之东流，曾经的坚持显得那么可笑，他付出的一切都没有意义。

他不甘心放弃，于是调整梦想，在现实中找到位置和坚持的方向，认识到不足的地方。他在奋斗的过程中不断成长，最终把梦想变成现实，达到了想要的目标。

他用奋斗的经历告诉人们，只有努力不放弃，才能够实现梦想，在残酷的现实中占有一席之地。

新东方教育集团创始人俞敏洪说："你不努力，永远不会有人对你公平，只有你努力了，有了资源，有了话语权以后，你才可能为自己争取公平的机会。”

这句话听起来很残酷，却很现实。如今的社会是一个造梦的时代，每个人都拥有梦想。人们不论是生活上还是工作中，都会用梦想作为精神动力和支撑，辛苦地与困难抗争，努力达成梦想。

没有梦想的人生是痛苦的，身边的很多人曾经有着雄心壮志，经过岁月的磨砺，当初的梦想变成了空想。其实大多数人的梦想都有可行性，只是他们没有为梦想而努力奋斗或者遇到过不去的困难时，选择了半途而废。

有两位堂兄弟，从小是好朋友，有着相同的梦想：成为村里最富有的人。他们很聪明，也很勤奋，就是缺少机会。

一天，机会来了，村里需要长期雇用两个人把附近河里的水运到田边的蓄水池里，两个人踊跃报名，村里的领导就把这个工作交给了兄弟俩。两人抓起水桶跑向河边，开始他们的梦想之路。当天，田边的蓄水池装满后，领导按桶支付他们薪金。

看着手中的钱，弟弟开心地大叫起来：“我们的梦想终于实现了，我们有钱了。”哥哥却不这么想，经过辛苦劳动，他的背又酸又痛，提水桶的手起了水泡，如果明天继续这样会更加辛苦。他发誓要想出更好的办法将水运到村里，并且得到报酬。

他想挖管道，把水从河边引流到蓄水池里。他把想法跟弟弟说了，弟弟愣了一下，说：“哥，你为什么要挖管道呢？没有人这样做过，你看我们现在的工作可以让我们变成富人。这样下去，一个星期后我就可以买喜欢的那双鞋，一个月后，我可以买头牛，六个月后，我就可以盖新房子了。”弟弟陷入对未来美好生活的憧憬里。

哥哥看弟弟不支持，就一个人去实现这个计划。白天，他用一部分时间来提水，拿着微薄的报酬，用剩下的时间挖管道。

不久，弟弟有了新皮鞋和一头牛，开始盖房子。哥哥还在为管道努力着，他信奉“短期的痛苦带来长期的回报”，坚定不移地挖着管道。

两年后，哥哥的管道终于挖好了，而弟弟还在费力地运水。弟弟身体越来越差，步伐越来越慢，挣的钱也越来越少。从哥哥的管道通水的那一天开始，水就一直在流，流入村子里的水越多，流入哥哥口袋里的钱越多。

哥哥通过努力实现了梦想，而弟弟短时间获得了利润却没有好好计划未来，最终没有实现梦想。

梦想是一种积极向上的力量，影响着人们的成长和发展。把梦想付诸行动，梦想才不会只是梦，而变成现实。

梦想与空想只是一字之差，却咫尺天涯，相去甚远。人们在脑海里勾勒出梦想的蓝图，想象着蓝图实现后的快乐和满足，觉得生活处处充满着希望。这个蓝图可能是梦想，可以去实现；也可能是空想，只停留在“想”的阶段。

梦想的蓝图就像漂亮的肥皂泡一样，光彩夺目，很快消逝得无影无踪。要想把蓝图变成现实，需要制订详细的计划，用强大的自制力，坚定不移地克服前进道路上的各种困难险阻，用尽全力行动起来，把梦想变成现实。

告别迷茫的过去，成就自己的梦想

人对变得更好都有一种深切的渴望，却不知道该怎么做，很容易陷入迷茫。当人们实现了一个目标，下一个目标没有确立时，会感到迷茫，变得不知所措，缺少向前行进的动力，不知道下一步走向哪里。

迷茫的时候不要惶恐，静下心认真思考，找到目标，不要害怕辛苦和失败，要行动起来，坚定不移地走下去。向着梦想艰难行走的人们，他们的生命之花会开得灿烂又绚丽，不会枯萎在半路上，陷入迷茫的境界。

有位姓谢的年轻人，家里开着工厂，从小跟着父母做生意，在他二十几岁时就拥有上千万元的存款。当时，家里建起一个又一个的工厂，到处是挣钱的机会，处处有生意可做，好像钱在那里等着他去拿。

太容易做到的事逐渐让小谢对挣钱失去兴趣，感到迷茫和不安。他准备出国定居，享受国外安逸的生活，他不知道在那里能不能找到他想要的生活。他变卖了工厂，结束了生意，等着出国的签证下来，就离开这个让他迷茫的地方。

等待签证的日子里，他整天无所事事，闲得发慌，感觉自己越来越迷茫。他想：我现在有了足够的钱可以供我下半辈子吃喝玩乐，但这是我想要的生活吗？到了国外我就能过得开心吗？

迷茫中的小谢无意中看到招工广场上到处是来自全国各地的农民工，他们到这里寻找工作。这里工作岗位供不应求，工人的流动性也很大，工厂每次招进新员工，都要投入很大的精力、场地和人力去对他们进行培训。

看着眼前络绎不绝的工人，小谢想，工厂会越来越多，我可以办个学校为这些工厂培训熟练的技术工人。

说做就做，小谢放弃了出国，办起了第一个培训学校。他租了一处旧的房屋，聘请了几位专业老师。对于这段经历，他笑着说："第一期培训班，老师比学生还要多。"

他再一次获得成功，从当初的上千万元到如今拥有几亿元资产。不过，对于他来说，最重要的是找到了归属感，他不再是对前途一片迷茫的青年，也不再是一个浑身充满铜臭味的商人，而成为一个受人尊敬的教育者。

迷茫对于每个人都是公平的，成功者也会经历迷茫的阶段，不过他们在迷茫中能看清楚自己的需要，会很快制定新的目标，并且马上行动起来，尽全力走出迷茫。他们的成功不仅带给他们更多的财富，也让他们享受到更多荣誉，更让他们摆脱了迷茫，成就梦想。

当人们努力向着梦想前进时，会遇到各种困难和险阻，让人们感到迷茫。成功者把这些困难当成前进的踏板，激励自己穿过迷茫继续前行；失败者感觉自己无法解决困难，失去前进的勇气，放弃努力和挣扎，沦为失败者。

赵先生今年33岁，毕业于清华大学，有了十多年的工作经验。

当年，大学毕业的赵先生分配到国企，他只待了一年就跳槽到一家外企工作，收入很高，但是赵先生不喜欢这份工作，想离开。

赵先生的好朋友开了家市场研究公司，于是他又对市场研究非常感兴趣，觉得自己可以做得很好，就跳槽到市场研究公司。后来他与广告公司接触时，觉得广告业务比市场研究更加具有挑战性，就去了广告公司。

接下来的5年内，他去过6家广告公司，做过很多高职位：客户经理、策划总监、常务副总经理等。他觉得自己策划水平非常棒，却得不到公司的重用，策划案经常被上司否决，他感到非常憋屈，就不停地换公司。

后来，他决定开一家广告公司，让客户直接用他自认为非常完美的策划方案。公司开业初期时，业务量还行，后来却越来越困难，很快亏损几十万元，入不敷出的情况下只能停业。

他又开始了打工生涯，不过他总结之前的教训，觉得广告业务不太稳定，而房地产业越来越红火，准备应聘房地产策划职务。经过两个月的准备和寻找，他顺利地应聘到一家著名的房地产公司做营销策划。他很快发现，自己跟别的部门进行协调时遇到很多的困难。

三个月后，赵先生离开这家公司，再次面临找工作，可是工作越来越难找。虽然他又面试了很多家市场研究公司，可是有的公司要么觉得他的年纪大了，无法适应市场研究的压力；要么认为赵先生没有足够的市场研究方面的资历，没有客户资源，不适合应聘高职位，最后一个清华大学的本科生却找不到一份合适的工作。

他陷入迷茫，不知道未来在哪里。

后来，在朋友的建议下，赵先生决定再开一家小公司。他顶着压力，开了家小的策划公司，不求挣很多的钱，但求循序渐进地开展业务，很快，公司的业务就忙不过来。他走出迷茫，得到了想要的成功。

职场中，有很多像赵先生一样的人，凭着自己的感觉和兴趣不断地跳槽，换公司、换职业，没有明确的人生定位。到了 30 岁时会发现，高职位的工作拒绝他们，就算是他们想屈就普通的工作，却会因为年龄大的原因失去很多应聘的机会。

人生的发展趋势呈波浪形，会有谷峰也会有谷底，有成功也会历经失败，成功者也摆脱不了这个规律。只是成功者在失败时会果断地行动起来，勇敢地继续向前。

阿里巴巴创始人马云年轻的时候也很迷茫。当年他想考警察，5 个人录取 4 个，没有他的份；他去肯德基应聘服务员，24 个人录取 23 个，还是没有他。28 岁之前，他一直处在迷茫中，根本不知道自己能做什么。

那个时候的马云非常讨厌成功者，他觉得成功者把世上所有赚钱的机会都抢走了，而他也想成为有钱人，需要赚钱的机会。

有人说马云的成功是因为他比别人想得远、跑得快。马云的回答是："实际上我跟大家一样，只是我在迷茫的时候抓住了一个机会，并且把这个机会当成目标行动起来，遇到困难也不退缩，努力做下去，才有了后来的成功。"

马云用自己的经验给人们指点迷津，告诉人们机会无处不在。

他说："当你们抱怨雾霾的时候，我却觉得这是上天给我的机会，如果我能解决雾霾，那我就是未来的成功者。有麻烦的地方就有机会，看你如何去看待，把麻烦当成机会，就离成功不远了。"

命运是公平的，当我们想要一些东西的时候，就要放弃另一些东西。想成为成功者，就要放弃平凡人拥有的快乐，比如打游戏、闲聊、看无聊的电视等，还要抵抗平凡人不愿承受的痛苦，例如寂寞、孤独、惰性等。

成功者在现实生活中得到人们的尊敬和爱戴，在职业生涯和工作环境里被人们重视，成功带来经济上的安全感、生活的舒适感。世上美丽的鲜花和佩服的掌声是献给成功者的，他们享受着人们的赞誉和崇敬，享受着成功带给他们的欢乐和愉悦。

到达梦想前的"陪跑"岁月

人生就是一场接一场的陪跑，没有跑到终点的，可以收获一路的风景；跑到终点的是人生的大赢家；而站在起点的人，就只能站在那里遥望终点。

陪跑，顾名思义就是陪着别人跑步，你不是这段路的主角。胜利属于第一个冲过终点线的人。

只有坚持梦想，付出比别人更多的努力，才能取得胜利。当胜利者享受成功的喜悦时，其他人就成了胜利者的陪跑员。每个胜利者成功之前，都会有段艰难的"陪跑时光"。

世界文坛有位著名的“陪跑员”——日本作家村上春树，每逢诺贝尔文学奖开奖之前，他都成为媒体最关注的对象，关注度比那些得过奖的作家更高。他无疑是诺贝尔文学奖的热门选手，虽然奖项总是与他擦肩而过，还被人们戏称为“陪跑王”。

据有关人士统计，村上春树连续7年获得诺贝尔文学奖提名，可惜陪跑多年，依然没有获得大奖，只落得个“万年候补”的头衔。

村上春树的作品很多，获奖无数，全世界范围内拥有众多书迷，却一直与诺贝尔文学奖无缘，让无数喜欢他作品的读者们感到遗憾，对诺贝尔文学奖的公平性提出质疑，但是村上春树却很淡定。早在几年前落选时，他就公开表示，对他来说，能不能获得诺贝尔文学奖并不重要，最重要的是拥有更多的读者。

每一次落选，都会引起世人的唏嘘感叹，但是村上春树就像无冕之王，得到众多书迷的认可。很多没有读过他的书的人，也会找本书来一览为快。

村上春树的梦想是让世上的大多数人能读到他的书，他达成了梦想。他接下来的目标是能写出更多好的作品报答喜欢并热爱他的读者，至于被人们戏言为“陪跑员”，他一点不介意，他收获了自己想要的成功。

走向成功的路，是一条孤独寂寞的路，每一次前进都会充满困难和险阻。有人刚刚起步，会被种种困难吓倒，没有勇气继续前行；有人勇往直前，也许没有得到他们想要的成功，但是在前行的路上，眼界越来越宽，经验也越来越丰富，为人处世更加成熟，得到人们的喜爱。

陪跑，是为了积累更多的经验，增长自己的能力，就算没有得到他们想要的成果，这个过程也让他们甘之如饴，收获到快乐。

电影界也有一位长期的陪跑员莱昂纳多·迪卡普里奥，他获得奥斯卡金像奖的5次提名，总是以微小的差距与小金人失之交臂。昔日英俊潇洒的小生也渐渐步入中年。

每一次的陪跑，他都是乘兴而去失望而归，虽然镜头前的他把祝福送给那些获奖的同行，但是我们可以通过镜头看到他从宣布奖项时期待的目光，到最终失望的表情。

尘埃落定后，他会刻意掩盖住落寞，但是镜头始终围绕着他，让我们看到一个真实的他。为他惋惜的同时，人们也很佩服他的精神，祝福着他。比起当时获奖的演员，很多人更加关注他的动态。

莱昂纳多·迪卡普里奥没有服输，一年又一年的陪跑中，他帅气的脸庞上增加了很多沧桑，围观的人们也从青葱岁月步入中年。

有人统计过这样一些让人心酸的数据：莱昂纳多·迪卡普里奥的电影之路上，同行的伙伴中诞生了16个奥斯卡最佳男主角、10个男配角、8个女主角、3个女配角、6个最佳导演、3个最佳电影及4个最佳剧本，而他一直在“陪跑”。

可是，他没有放弃梦想，凭借精湛的演技他终于登上梦想的领奖台，不再“陪跑”。当他拿着期待已久的小金人，还未说话先落泪，台下的人们纷纷起立，为他的坚持而鼓掌。

人生在世，在到达终点前有很长的一段路要走，与自己步调相似的人陪跑共进，跟有相同频率的人一起共振，一起折腾，比单枪匹马的闯荡更有意思。

对于意志力不强的人来说，通往梦想的路上有个人相陪，无形中增加了胜算。踏上人生的跑道，对手就在身边，两人一边 PK，一边携手走向成功，是多么好的事情。所谓近朱者赤，近墨者黑，如果这个人是位成功者，也会带着身边的人一起成功，因为跟上成功者的脚步才能够步调一致地走向前。

有一阵子，长期不锻炼的我被好友玲拉着晨跑。清晨天蒙蒙亮就接到她打来的电话，说已经在楼下等我。我不想起床，又不能失信于朋友，只能快速出门，与她一起走到附近的操场。

操场上有很多人晨跑，我跟在朋友的后面沿着跑道慢慢地跑着，刚跑一圈就受不了，用哀求的语气跟她说跑不动了。她大口大口地喘着气说："那你慢慢走会儿，等我跑一圈过来，你再继续跑。"

看着她向前跑的稳健步伐，心里突然浮起一股不服输的念头："难道我不如她吗？"咬咬牙，我继续向前跑起来，她也刻意地放缓脚步，等待着我一起，开始我们的晨跑生涯。坚持下来，我也有了强健的身体，每天呼吸着早晨的新鲜空气，一天的工作也更加清醒，工作效率也提高了很多。

人生就是一场望不到尽头的旅行，享受着阳光雨露的美好，也会经历难堪和艰辛。生活中有很多时候需要朋友的陪跑，为了相同的目标，追求共同的梦想。

人是群居的生物，心灵上需要有人相陪，工作上也希望有个人相伴，一起前进，一起走向成功，要比一个人孤身奋战增添更多幸福的感觉。

有一位跑运输的朋友，成家立业后，他更要辛苦地工作挣钱养家糊口，可是开货车挣钱也越来越难，养不起跟车的师傅，只有带着老婆孩子一起跑运输，虽然她们不能帮忙开车，但是路途上也有个照应。

很快，年近两岁的小女儿就习惯了跟车，窝在不宽敞的卧铺上自娱自乐，把笑声带给她的父母。货车经常奔行在夜间，会遇到各种麻烦事情，高速上遇到修车经常无法正常解决，跑夜路经常会跑错线路，要花更多的时间、金钱和精力。磨难总是在不经意间来到他们的身边，打扰着疲惫不堪的他们。

人生旅途就是这样，充满着心酸和艰难，但也会有快乐。

在家人陪伴的这段岁月里，货车会经过不同的风景，那些景色在家中是无法体会到的。朋友的老婆像解说员一样，给女儿介绍着外面新鲜的事物，还常编些儿歌或者念些古诗。朋友一边开车，一边听得乐不可支，小小的驾驶室里洋溢着欢快和愉悦的笑声。

几个月下来，年幼的女儿视野开阔了，知识也丰富了很多。每次回到家里，都会像模像样地拿本书，指着书上的图画讲给邻居的小伙伴们听。在别人艳羡的目光中，女儿更加自信，也更加快乐。

人生的旅途就是艰辛和愉悦并存，感受着不一样的风景，有美景就会有艰难相伴随。遇到困难时不气馁、不沮丧，要勇敢前行。也许在走向梦想的旅途中，我们始终是一个陪跑员，但是我们要相信，世上的每一个人，每一件事情，都有闪光点，有存在的价值和道理。

隐藏在成功背后的辛酸

泰戈尔的《飞鸟集》里有句话："天空没有留下翅膀的痕迹，但我已经飞过。"

我们努力飞翔，希望在人生的旅途中收获成功。我们知道努力不一定能取得成功，可是不努力肯定不会成功。只有耐心等待，在奋斗的路上不断拼搏，积累经验，吸取教训，迎接前进路上的各种险阻，才能取得成功。

巅峰，不在一万米的高山，而在人们的信念与汗水的夹缝之间！

有一支考古队到金字塔去进行考察，他们借助直升机的力量，用绳索攀上金字塔的顶部。那里停留着的几只雄鹰，被他们的到来吓得落荒而逃。在人们的意识里，雄鹰有着强健的翅膀，登上巍峨的金字塔顶端并不奇怪。

让考古队员们感到奇怪的是，在金字塔的顶部有很多蜗牛的躯壳。人们想了很多种解释：是被雄鹰当食物带上来的？可是蜗牛柔软的身体完好无损；是黏附在飞机上然后掉下来的？飞机强大的气流，可以把弱小的蜗牛吹得无影无踪。

考古队员在金字塔的中上部不断发现蜗牛爬过的痕迹，还有很多黏附在塔身上已经干枯的蜗牛，这是努力向上爬，却没有到达顶部的蜗牛。

人们说某个人行动缓慢会拿蜗牛来做比较：慢得跟蜗牛似的！这些号称爬行速度最慢的蜗牛，经过无数次的坠落和受伤，最终一步步爬上这个世界最伟大的石头建筑，也爬上它们生命的巅峰。

这些看似懒散懈怠的小东西，却做出让人类不依靠外力都无法做到的壮举——它们用坚持攀登生命中的最高峰。在这份坚持中，它们会遭遇各种伤害，能够成功攀登上顶端的蜗牛并不多。人们看着往上延伸的金字塔塔身中上部表面那些干枯的蜗牛，被深深震撼了。

对于任何生物来说，再长的路也有走完的时刻，再短的路不走就不会到达终点。蜗牛只有简单的思维，对于它们来说，只有前进，没有后退，即使摔得粉身碎骨，也不退缩，一步一步地往上爬，才会有希望。

现实生活里，人们都想成为一只展翅飞翔的苍鹰，自由地翱翔在蓝天上，但是生活往往是残酷的，大多数人得像蜗牛似的，背负着沉重的壳。

我们没有苍鹰的天赋，只能让自己具有蜗牛般的毅力，不要过多地在乎利害得失，努力拼搏，一步步向着目标前进，终究会在生命的长河里留下奋斗的痕迹。

记得大学毕业十余年后的一次同学聚会上，有一位取得非凡成就的同学引起同学们的关注和赞扬。在大家的印象里，这位同学的学习成绩很平常，各方面的能力也一般，可是短短的十年，他却超越班上其他的同学，取得了辉煌的成绩。

大家用羡慕的目光看着他，不约而同地询问他成功的秘诀。他很淡定地说："其实没什么秘诀，只是离开学校的这十年里，我只做一件事，向着目标努力。"他定了个奋斗目标，想成为一名企业家，拥有一家公司。

大学毕业后，他跟着同学们一起进入写字楼工作，无论工作有多忙，每天他都会抽出两个小时的时间学习市场营销和企业管理。

几年后，他觉得时机成熟时，就辞职下海，开了一个小公司。由于掌握了丰富的营销知识和企业管理的经验，他的生意做得风生水起，从一个名不见传的小公司，成为远近闻名的大公司，他也成为当地著名的企业家。

他简单的几句话，就把一条走起来很艰难的成功之路说得很清楚。大家不禁看看自己，大学毕业后他在认真学习时，而自己却在打着无聊的网络游戏，过着安逸舒适的生活。

大家深刻地感到，普通人与成功者的差距不在于文凭的高低，也不在于能力的强弱，还是在于通往成功的路上有没有十年如一日地坚持做事。一个人平庸还是卓越其实取决于人们选择的生活方式是消极还是积极。

工作之余，我们有很多业余时间。有人算过一笔账，公司中午12点下班，下午2点上班，中间有两个小时的午餐时间，除去吃饭，还剩下半个小时；下午5点下班，晚上10点睡觉，中间有五个小时时间，除去料理家务和照顾家人，至少还剩下一个半小时，也就说，每个人每天有两个小时左右的自由时间，还不包括节假日和双休日。

普通人用这个时间看电视、玩电脑等，做一些让他们感到快乐舒适的娱乐活动，成功者用这两个小时做事学知识，去完成梦想，其中的艰难和辛酸不足为外人道。

当我们看书时，电视机里那些吸引人的画面，还有电脑里那些游戏的诱惑让人忍不住放下手中枯燥无味的书籍。如果总是这样的话，就会与成功失之交臂，日后只能用羡慕的眼光看着成功者取得辉煌成就。

屏幕上那些光芒四射的明星，并不是横空出世，我们看着眼前耀眼明亮的他们，却看不到他们内心的心酸和苦楚，以及背后付出的辛苦。

人们熟识的影星周星驰，当年他考了两次才进入影视培训班，跑了一年龙套后，接替梁朝伟主持一档少儿节目。离开主持的梁朝伟接拍电视剧、电影，很快在影视圈里大红大紫，而他在主持岗位上待了6年。

每天早晨，他都会对着镜子跟自己说“加油”，幻想着自己能像梁朝伟一样成为主角。可是现实很残酷，在通往演员的路上，虽然他一直在努力，却总是被别人嫌弃，等着他的都是跑龙套的角色。他说：“我学着像油条一样，跟人家插科打诨磨嘴皮，为了一个死尸的角色，我都要花费一升的口水去争取。”

无人为他的努力喝彩。有位影视圈的大姐大说他：“就凭你，永远红不了。”一位好友说他：“整天做白日梦，幻想着成为大明星。”有报纸发表评论说他只适合做少儿节目主持人，不适合当演员。

后来，他得到李修贤的赏识，出演一部电影中的男配角。在这部影片拍摄时，没有人把他当回事，被骂得最惨的也是他。他认真去演每一个镜头，李修贤却认为他用力过猛，指着他的鼻子骂道："演戏不是力气活，你怎么像条狗一样卖力？"后来这句话成了他经典电影《大话西游》中的著名台词：他好像一条狗。

周星驰的每一步成功都伴随着辛酸和痛苦，可是他一直没有放弃，继续为了梦想拼搏，终于功成名就，让那些嗤笑他的人大跌眼镜。

生活中，我们都会遭遇冷眼和屈辱，有的人麻木不仁，根本不放在心上，像风过水波没有留下痕迹；有的人仿佛遭到毁灭性的打击，不堪重负，就此沉沦下去，不再为了目标挣扎；还有的人会把这些屈辱当作前进的动力，激励自己不断地向前进。

我们需要一种危机来激发自身的潜能，唤醒内心深处的渴望，实现自己的人生价值。不管遇到什么样的困难或者挫折，总会有雨过天晴的时候，抱怨和退缩解决不了问题，只有积极去面对才可以离成功更近一些。

成功者功成名就的背后，隐藏着太多不为人知的辛酸和痛苦。俞敏洪说过："坚持下去，不是我们有足够的坚强，而是我们已经无法选择。"

在不公平的世界里，寻找可以安心的支点

公平是人们向往的理想。有人的地方就会产生差距，会存在不

平等，就像人们常说的，“十根手指头伸出来还有长有短”。

但世界是不公平的。如果一个人努力却没有得到成果，可是他的努力已经化作铺路石垫在他的脚下，使他未来的人生路更加平坦；如果一个人遭受别人的诽谤和讥讽而痛苦不堪，那是现实生活给予他的向前冲的动力。

生活是公平的，用伤痛教会你享受生活，用失去让你懂得珍惜拥有，让你明白想得到，就会有舍弃；想收获成果，就要付出努力。

这个世界上没有绝对的公平，只有通过努力得来的公平。每个人所处的平台不一样，付出同样的努力却不一定能获得同样的结果。但是不努力就一无所有，只能被动地接受着命运的安排，接受不公平的待遇。

于超是一位农家子弟，他经过 18 年的艰苦奋斗，才能悠闲地喝咖啡。

他靠努力考上大学，用东拼西凑的钱再加上助学款才交齐第一年的学费。他只能努力学习争取学校的奖学金，业余时间还要打工挣生活费，因为贫穷的家里拿不出钱来支援他。

他不懂乐器，不认识明星，不知道 Walkman，学的英语也是哑巴英语，说出来的英语中国人听不懂，外国人也听不懂。他只有加倍努力，想办法缩短与一位家境很好的同学凯子的距离。

经过努力，他获得一个硕士学位，赶紧找工作留在了大城市。当他穿着借来的西服去面试时，他的爹娘为了省三五百元钱的机器收割费，在烈日下累得腰肌劳损。这时的凯子玩遍所有流行的网络游戏，准备创业，启动资金有家人支援，就算是失败也只是伤点皮毛。

当凯子拿着第一笔投资款兴奋地四处嚷嚷时，于超却要穿越大半个城市去做一份家教，只是为了在第一个月工资发下来前，付得起房租买得起食物。

当凯子结婚请大家去暖房时，新房里满是高档的家具和最新款的家电，家里还给了10万元，他们的蜜月是在香港过的，花掉了他们半年的工资。于超的婚礼在家乡举行，他和妻子在低矮昏暗的老房子里拜了天地，在寒冷的土坑上相拥而眠。幸好多年后，他的妻子对当年的生活回味无穷，说："有爱的地方，哪里都是天堂。"

他们都想给自己深爱的妻子一个天堂，可是天堂的含义却迥然不同。凯子的妻子成为全职太太，每天在家里追着韩剧，出入美容院和健身房。于超也想养着妻子，可是双方的父母就是4个普通老人，所以妻子跟他一起在职场里顽强搏杀。

房价如海啸般疯涨时，于超还在犹豫，但在凯子的指导下还是果断买房，成为被别人羡慕的对象。这时，他终于体会到他们之间的差距，人与人的不平等不是因为学位、薪水、工作，而是体现在家庭的出身、生活方式、财务观念和人生格局上。这些外在因素让他们拥有不平等的人生。

现实生活中，人与人之间存在差距，有了差距才会想办法弥补差距，从而增强生命的张力，使生活更加充满色彩。

有位在大城市里辛苦打拼的朋友对我说，他真的有点撑不下去了，因为他假想的竞争对手实力太强悍了。他加班到深夜，整理那些工作数据累得快吐血，挣得的工资却交不起房屋的首付，而对手却有父母留下的一套房。

朋友说自己是鸡窝里飞出的金凤凰，从偏僻的农村走到繁华的城市，历经千辛万苦却无法在城市里买一套房。

他问我："你也是穷苦出身，有质疑过努力拼搏的意义吗？有没有觉得世上这些不公平只是针对我们穷人的？我们要怎么样才能熬过去呢？"

我告诉他，有天我下班回家，七岁的小女儿把脸贴在我的啤酒肚上，抓着我没剩几根的头发稚嫩地喊着我爸爸时，我的心里非常满足。因为我的努力让她从小不用过分在意家境的贫寒，让她有完整的人格、健康的心理。就算是她穿的衣服洗了上百遍，在幼儿园里被家境优越的孩子嘲笑，她也会鼓着腮帮子喊："你知道我爸爸是谁吗？我爸爸有硕士学位，你爸爸有吗？"

在单位里，当我坐在沙发上给公司面试新员工时，看着眼前整齐地站着的几排应聘的新员工那诚惶诚恐的样子，我觉得这个世界还是公平的。

世界上没有绝对的公平，只有相对的公平。公平就像一个天平，衡量着人们的投入和收获。得到的越多，势必比别人承受更多，每一个看起来很低的起点，都是通往高峰的必经之路。让自己平和、豁达一些，对身边人的过错看淡些，不要太多斥责，对自己也宽容些。

每一次努力，都在潜移默化中感动自己

清晨的第一缕阳光照进屋内，人们睁开眼就面临着选择，是早起忙碌奋斗，还是继续慵懒地赖在床上睡个回笼觉？人生旅途上，选择无处不在。

我们可以选择去大城市里拼搏奋斗，轰轰烈烈地度过一生，也可以选择回到家乡，在小城市里安然地过完一生。无论哪种选择，我们先问下自己，我们渴望的是哪种生活。人一生并不长，应选择自己的生活方式过完这一生。

很多人有过这样的经历，看到一则励志故事，被故事感动，觉得努力奋斗并没有想象中的那么难。然后开始制定目标，做计划，准备为梦想而努力。

按着计划开始实施时会发现，坚持是件很困难的事，遇到阻碍就想走简单一点的路，于是计划被改变，目标被重新规划。我们以为只要像故事中说的那样去努力，就能实现梦想，心想事成，却总是坚持不下去，然后怀疑努力的方向是否正确，找着各种理由放弃。一次次被感动，一次次地努力，再一次次放弃。

刚工作没几年，张露就升任一个小团队的组长，经常带着团队奔走在全国各地。有一次，他们在浙江的子公司进行调查，一切很顺利。在晚上的答谢宴上，张露接到上级的电话，因工作需要让她火速赶到福州。

这时，坐在旁边的工作人员听到对话，惊讶地说："怎么这么急啊，这个时间就算是赶最后一班高铁也来不及了。再说你一个女孩子，这么晚了，也不能让你走啊。"

宴席上的人们都在说笑着，而张露的脑海里只想着该如何以最快的速度到达福州。看着外面漆黑的天，长途汽车站有没有开往福州的汽车呢？这时，她想到这里的工作还有些收尾工作没有完成，有些资料都掌握在她的手里，现在还不能走。

张露把情况跟上级说明，答应赶第二天早上第一班高铁去福州。上级表示理解和同意。她打开火车购票网，网购了一张最早出发的高铁票。

忙完后，张露带着微笑，继续参加答谢宴。当宾客尽欢后，她回到宾馆已经快晚上 11 点了。她立刻召集手下职员开会，传达了上级的命令，安排他们在这里做收尾工作。

当一切安排妥当，已经是凌晨 1 点，资料里还有些问题没有整理清楚，她只有挑灯夜战。看着外面的点点星光，还有静悄悄的都市，再看看昏黄的灯光下整理得越来越好的资料，她的心中充满着自豪，虽然累却很佩服自己。

凌晨 3 点半，一切准备就绪后，张露收拾好一切，躺在床上，仿佛听见清脆的雨声敲打着窗台，带来一阵疲惫，很快进入香甜的梦乡。

闹钟在清晨 6 点叫醒沉睡的她，她快速起床，进入浴室洗了个澡，她知道下了火车就要奔向工作场地，要面对更多的人，必须保持最好的仪容仪表。收拾妥当后，她提着整理好的箱子，离开宾馆。

外面下着雨，到处一片灰蒙蒙的景象。这个偏僻的小镇没有出租车，只有三轮机动车带客。张露叫了一辆三轮车，雨水灌进简陋的车厢，带来一阵寒意。去车站的路上也布满或大或小的水坑，车子颠来颠去，把她晃得头晕眼花。

走进现代化的高铁站，张露才感到温暖，回头看看远去的三轮车，像刚做过一场梦。她没有时间伤春悲秋，快速地检票，坐上去福州的第一趟高铁。

当她拖着行李箱冒雨来到工作现场，看到上级主管欣赏又怜惜的眼神，她知道努力没有白费，只要坚持住，会有更美好的前程等着她。

很多人梦想着有好的前程，也为这个目标努力，却总是与目标失之交臂。天天说要“努力”，坚持不住想退缩时也会对自己高喊“要坚持”，一转身却找着各种借口让自己放松一下。

最懂你的人是你自己，当你坚持到无能为力，就算是没有成功，也不会失落，因为你已经被自己感动。

也许你觉得自己走得很慢，跟不上别人的节奏，心生退意，想放弃。只要你不停下前进的脚步，总会得到自己想要的成果，就算无法到达目标，路边不一样的风景，也会让你感到努力后的快乐。

我有个朋友叫星星，刚结束一段让她痛苦的婚姻。离婚时，前夫净身出户，留了套房子给她带着孩子住。星星有稳定的工作，生活也安定了下来，可是，她却没有停下前进的脚步，而是向着她的梦想努力奋斗。她继续考研，重新学习英语，认真读与专业有关的书籍，每天的时间都安排得满满的。我想约她出来谈人生，她都没有时间，总是很忙很忙。

忙碌中，她变得越来越成熟和稳重，工作能力也越来越强，受到单位领导的赏识和提拔。虽然她努力的过程中非常辛苦，又要工作，又要独立抚养孩子，可是努力生活带给她的成就感，让她觉得很快乐。

人活在世上就没有不累的，触摸到梦想的时刻你会发现，一切的努力都是值得的。看不到希望的时候要坚持不懈地努力，只有坚持住，才有可能获得成功。

很多时候，我们因为看不到未来，会放弃努力，不再坚持目标。看不到未来，看不到希望会让人感到迷茫，觉得所有付出都是在犯傻，还不如享受安逸的生活。可是我们不能忘记当初的梦想，我们是为了达成什么愿望而努力。不要在该努力的年龄享受安逸，到了忙不动的年纪时再后悔，每个人的未来都是今天努力的结果。

很多人越接近中年时越发享受安逸的生活，习惯性地放弃努力，也不再委屈自己去付出。慢慢地他们变得平凡，最终被社会大众淹没，成为最不起眼的一员，甚至落魄到连饭都吃不上。到老年，他想努力，也心有余而力不足了，只能在悲痛中度过余生。

单位就有这样一个中年男人，做事慢吞吞的，对工作毫无激情和热情，按部就班地做着每天的工作。他每天的时间就在看新闻、刷微信和聊天中度过。领导看着他也是直摇头，露出厌恶的眼神。

在公司待了十几年，他好像什么也没有学全，工作不出色，也没有傲人的成绩，更没有各种专业证书。

这种人无法给公司带来更多的效益，迟早会被公司解雇。他一无所长，年龄又大了，到哪里去应聘也没有人会要他，只能做些保安、清洁工之类的工作。现在的他一点也没有忧患意识，活得心安理得。这种人在社会上有很多。

坚持的路上会经历很多坎坷和曲折，追逐梦想的过程注定艰难又孤独，只有用强大的自制力坚守住梦想，努力奋斗，才会梦想成真。到了那个时候，我们就可以活成自己喜欢的样子，过上梦想中的生活。

命运从来不会亏欠那些为了梦想而努力坚持的人们。当你为梦想奋不顾身，选择坚强地、努力地生活，努力到无能为力，坚持到感动自己，那么整个宇宙都会被你感动。

凌晨四点的“安静”城市

凌晨的街道上显得空旷安静，整个城市仿佛陷入沉睡一般，清凉的夜风不时地吹拂着路边静静行走的人，空气中都带着安静的味道。

曾经看过一篇采访篮球界的明星人物科比的访谈录。当记者问他：“你为什么能够如此成功呢?”科比反问记者：“你知道洛杉矶凌晨4点钟的样子吗?”

记者愣了下，问：“我不知道，那你知道洛杉矶凌晨4点钟是什么样?”

科比笑着说：“满天亮眼的星星安静地挂在天空，街道两旁寥落的灯光，路上的行人很少。究竟什么样，我也说不清楚，我凌晨4点起床后去往训练场要走过黑暗的洛杉矶街道。我发现，一天过去了，洛杉矶街道上的黑暗没有改变，两天过去了也没有改变，10年过去了，依然没有丝毫的改变。可是我却变成肌肉强健、体能强、投篮命中率很高的运动员。”

对于科比凌晨4点的训练，美国知名训练师罗伯特·阿勒特在《我和科比的训练故事》中记录了一个故事。

当时罗伯特和美国男子篮球队一同到达拉斯维加斯，忙碌到深夜的他正准备上床休息，电话响起来，他看了时间是凌晨三点半，他担心出意外，紧张地接起电话。已经是大牌篮球明星的科比很有礼貌地问：“罗伯特先生，希望没打扰你。”罗伯特虽然困得眼睛都睁不开，仍然很客气地说：“没有打扰我，你有什么事吗？”

科比说：“我想请问下，你能现在到训练馆帮我做点体能训练吗？”罗伯特同意后，挂了电话匆匆赶往训练馆，他不想让科比等。

到了训练馆，罗伯特大吃一惊，眼前的科比仿佛从水中爬出来，浑身被汗水湿透了。罗伯特指导着科比训练，时间很快到了早上6点，他实在支持不住，跟科比打了声招呼回酒店休息了，而科比继续练着投篮，为即将到来的比赛努力。

成功来自不懈的努力。科比说：“我总是带着激情打球，也总是努力工作。上帝在体力和智力两方面祝福了我，我希望能够将这些推向极致。我热爱篮球，真的热爱。”

人们敬佩伟大球星科比，更知道他的成功秘诀：能力、野心和努力。成功者的成功都不是偶然，仔细看过会发现，他们用艰苦的努力来提高能力，达到自己的野心。

虽然我没有看过凌晨4点的洛杉矶，可是我看过凌晨3点的马路菜市场。黑暗的世界里灯火通明，有一群为了生活而努力的普通人。

有一阵子修路，夜班的公交车改道走老路通行。有一次，公交车好像遇到堵车，缓慢地向前行驶，疲惫的我坐在车上昏昏欲睡。过了很久，我被旁边的嘈杂声惊醒，抬头望向车窗外。

浓墨的夜色里有很多人，骑车的、走路的，手上都提着大麻袋。他们要不打着手电筒，要不就戴着头灯或胸灯，在黑暗中摸索着，寻找适合他们的新鲜蔬菜。路边放着很多三轮车，问价声、还价声不绝于耳，声音听起来有点发闷。

看前眼前异常热闹的景象，我的脑海里突然想到一个词来说明这个市场：鬼市。菜农菜贩像夜晚出没的游魂，嘈杂的声音很快消散在凌晨的寂静里。

当天空泛起蓝色时，这里的人群快速消散，把倒腾的菜拖到附近的菜场里，等待着人们起床购买。

天完全亮起时，只剩下一地的菜叶子告诉人们：这里热闹过。早起的清洁工清理掉这些垃圾后，迟起的人们不会知道，这里曾经是一个市场，而且凌晨开放。

赖床的人们在清晨一次又一次地关掉闹钟，迟到后又一遍一遍地自责。年复一年，日复一日，他们依然会睡到最后一分钟，然后跳起来快速洗漱。

勤快的人会早起，有条不紊地做些运动，精心准备早餐，再带着美好的心情上班。沿途还可以不急不慢地欣赏下路边的风景，还能够提前十分钟到达公司。

记得有一次，我们团队准备第二天交给客户的设计稿突然出现问题，需要修改一个数据。可是这个数据修改了，很多小细节都会跟着发生变化，需要重新计算。为确保数据正确，我只能留在公司里处理资料。

当时我查阅了很多资料，找到参考的文献，快速找到错误的地方，把错误改正。如果等第二天客户来时发现数据出错，或者就按照错误的数据签合同，会让公司损失一大笔钱。

当设计稿全部修改完毕，又重新做了计划书，时间已经是凌晨三点多，收拾好桌面，拿起小包离开写字楼。整个楼道里一片安静，乘着电梯下楼时，第一次听见电梯轨道发出的嘶鸣声。到达一楼，看着门卫在楼下保安室里昏昏欲睡，迷糊地看了我一眼，然后又迷糊起来。

当我离开写字楼来到安静的街道上，看着整个街道被皎洁的月光笼罩，如梦如幻，没有了白日的喧嚣，茫茫天地间仿佛只剩下我一个人。这时，我感觉到孤独，为脚下孤单的影子而感到孤独；同时非常感动，为自己的努力奋斗而感动。踩着脚下漆黑的路面，走向自己的家，那里有温暖的灯光。

早起就像人生的分水岭，那些早晨起不来的人们总是与成功有段距离，他们无法看到凌晨 4 点时的街道并不是他们想象的那么安静，很多人已经起床为了生活在忙碌。他们躺在床上，越躺越懒，直到快到上班时间，才急匆匆地起床。带着一颗急躁又跳动的心，他们争分夺秒地奔向公司，在拥挤的人群里，打着哈欠，抱怨着。

早起让人们拥有一个美好的早晨，开启快乐的一天，整个人感觉充满了正能量。梦想需要不懈的努力去实现，只有比别人付出更多才能离梦想更近一步。如果不付出努力，那梦想永远只是梦而已。

每一个积极努力的人都会选择早起，坚持早起，拼命努力地学习、工作，为了理想而奋斗。看到凌晨 4 点安静又喧闹的城市，面对凌晨早起的人们，我们没有资格说自己辛苦，我们已经迟到了。

时光如沙漏，不要在迷茫中浪费时间

时光如沙漏，人们以为流得很慢，却在不经意间落下很多，落下去的沙粒记载着人们无法逃离的记忆，承载着人们的梦想和痛苦。当尘埃落定时，剩下的只有无法抹灭的回忆。

随着时间的推移，沙粒会一粒粒落下。我们本来有时间去思考和解决各种事情，可是却因畏惧现实的困难不采取行动。沙粒继续落下，时间浪费了，当最后一粒沙粒落下时，事情就再也无法改变，人们陷入迷茫的状态。

迷茫就是你的才华跟不上梦想，大事做不了，小事不愿意做。人们一旦陷入迷茫就处于任何事都做不了的状态。当他们经过挣扎，从迷茫的状态里走出来再回头看时，会发现自己浪费了很多时间做着愚蠢的事情。

大学毕业时，很多同学会感到迷茫，不知道离开学校应该何去何从，也不知道选择的职业适不适合自己，更不知道是去大城市里辛苦打拼还是回到家乡享受安逸的生活。大多数毕业生在学校最后的时光都是在迷茫中度过的，弥漫着一层愁思，在患得患失中舍不得离开学校，害怕走进残酷的社会。

毕业时的迷茫是因为人们害怕承担选择以后带来的后果，又不愿意付出更多的努力坚持选择，只能逃避一阵子，放任迷茫情绪，等待时间替他们做出选择。

有位同学一点也不迷茫，他家里条件很好，成绩也不错，大学毕业后做了公务员的工作。稳定的工作很舒适，他在同学们羡慕的眼光中却坚持学英语。同学们喊他一起出去聚会吃饭，他会随身带着英语单词本。聊天的间隙，他会打开英语单词本背记单词。

他的目标很明确，就是学好英语出国定居，而目标的实现基础是掌握扎实的英语。为了更好地学习英语，他还跟单位请假参加英语培训班，把所有的时间用来学习英语。通过努力，他没过几年就去了加拿大留学，很快就拿到了绿卡。

有人问他有没有迷茫过，他觉得自己没有时间迷茫，一直保持清醒，因为他清楚自己的目标，为了这个目标一直在行动。

有些同学走上工作岗位后，回头想想毕业时的迷茫，觉得那段时间的自己很可笑。如果把迷茫的时间用来学习，现在的他们就会有不一样的生活。

大学毕业后我进入一家公司，有一位同事经常找我聊天，抱怨公司很多不好的地方。几个月后，我发现公司里的人际关系确实如这位同事说的那样复杂，很多正常的工作都无法推行下去，领导只支持自己愿意支持的人，根本不在意职员的才能和能否给公司带来更多的效益。

后来，我不让自己有迷茫的机会，跳槽去了另一家公司，一家未来有发展前景的公司。很快，我在新的公司里找到位置，事业得到很大的发展，工资也得到很大的提升。

看着微信里那位曾经的同事依然在他不喜欢的公司里工作，拿着差不多的薪金，做着差不多的工作，当然还有相似的抱怨，更多地诉说着迷茫，却又畏惧走出来。

他的青春年华都耗费在迷茫里，他知道出路在哪里，但是害怕改变带给他痛苦和无助，只能忍受现实，碌碌无为地走完他的人生路。

年轻要敢于去选择，不喜欢现在的专业，可以换个专业！不喜欢的工作，可以辞职，去找喜欢的工作！年轻就是本钱，一切可以从头再来。

有人统计过，五年的时间可以让一个人开始另一段人生历程。人们只要付出五年的拼搏，勇敢地做喜欢的事情，就可以成为这个领域的专业人士，收获成功。

如果他们患得患失，整天纠结着事情的对错，害怕因为选错职业，浪费宝贵的青春，浪费时间，前怕狼后怕虎，最终将一事无成。

有时人们不知道自己应该做什么，或者能做什么，很多事要去试过才能找到那条适合的路。如果这条路走不通，没关系，从头再来，总能找到一条适合你走的路。

有一个游戏，人类和小白鼠一起站在迷宫里，眼前出现三条路，要找到出口。大多数人会站在原地看着眼前的三条路犹豫不决，用人类的智慧去权衡哪条是出口。当然也有人会选择一条路去走，发现路不通，就会很快返回，走另一条路。这个时候，站在原地思考的人还在原地纠结。

再看放入迷宫的小白鼠，它们一直四处奔跑，寻找着走出迷宫的路。站在那里陷入迷茫的人们，只能说他们比小白鼠还愚蠢。

真正优秀的人从来不会迷茫，他们会认真做好身边的每一件事情，一步一个台阶地走向目标。他们做任何事都会获得成功，不是因为他们走的路对了，而是因为他们对待事情的态度。不要把时间浪费在迷茫上，认真为人生做个好的选择，再认真做好事情。

社会在发展，时代在变化，要不断地适应社会变化，提高自己的能力才能成为时代的宠儿，立于不败之地。

家喻户晓的明星黄渤一直努力生活，按他的情况来看，他有理由迷茫。最初，他迷恋唱歌跳舞，多次参加歌手大赛，通过他的努力进入了歌唱行业。

早年的黄渤是第一批在歌厅里驻唱的歌手，他还组建了歌唱组合，在全国各地演出。他教人们跳舞，做了七年的舞蹈教练。可是歌唱行业呈衰落状态，他以失败告终。

他喜欢娱乐影视方面的工作，开始进军影视界，拍了很多电影，都是小配角，没有引起人们的注意。他并没有因为没有演到好角色而放弃，也没有放任自己陷入迷茫，他珍惜每一分钟的时间，为了梦想而拼搏。

他有歌唱和配音的深厚功底，舞蹈让他拥有灵活的身体语言，多年的漂泊让他对小人物的角色揣摩到位。之前的人生经历，积累下来用在角色的扮演上成为他独有的特色，得到观众的广泛认可。

32 岁的黄渤凭借电影《疯狂的石头》中的小人物，满口青岛方言的“黑皮”而迅速走红。此后，他一发不可收拾，获得更多电影的奖项。他主演的电影带给人们很多快乐，他也成为家喻户晓的明星。

人们害怕做选择，是担心选择错误会让自己白白地浪费了时间和精力。其实并不是如此，万事是相通的，人们可以把以前学到的各种技能迁移到新的工作里使用，就可以更快更好地完成新的工作，还可以从原来的经历里寻找到灵感。

无作为的纠结只会让你在迷茫中越陷越深，浪费时间和精力。当我们不可避免地陷入迷茫时，给自己一个期限，在这个期限里想到解决事情的方法，用行动弥补自己的无能，让自己变得更有能耐，以应付现实中的一切突发事情。

第四章

每一次历练，都能帮你提升自制力

人生自古以来都是好事多磨难。每一位成功者，并不像人们看到的那样幸福和甜蜜，他们更像一道彩虹，经过狂风暴雨的洗礼才能散发出耀眼的光芒。有些人经历一段困苦的拼搏后，明白了自制力的重要性，就会提升自己的自制力，来帮助自己得到想要的生活；而另一些人，遇到困难就退缩，导致人生惨淡。

亲爱的苦难，正散发诱人的魅力

成功者要走过一段艰难的路程，经历痛苦的折磨，把失败积累出来的经验当成前进的桥梁，将梦想当成前进的指路灯，历经千辛万苦，一步一个脚印走向成功，才能成为让别人羡慕的人。

人生就像是一条不知道长短、看不到尽头的路，远远望去，一片渺茫。这是一条单行线，没有后路可退，不管你愿不愿意，只能往前走。路上有很多坎坷、绊脚石，是努力排除万难，坚定不移地走下去，直到终点，还是拖拉着、想着办法找各种借口躲避苦难，遍体鳞伤地走到终点？

年末，同学们回到家乡，三五成群地相约着聚一下。酒过三巡，大家开始肆意地吐露这段时间的经历。大家最佩服的是叶凌，他拿的工资是这群人中最高的，工作环境也最好。

微醺的叶凌举起酒杯，对大家说："你们都羡慕我，在这个县城里能拿到高工资，还可以留在父母身边。你们说得没错，我的待遇是好。但是你们不知道，我每天坐在电脑前写程序，把眼睛都写花了，虽然现在还没近视，不过是迟早的事。你看我一身的肉，那是没时间锻炼堆积起来的，以前我和你们一样是精瘦有型的小伙子，现在未老先衰向油腻大叔发展了。”

同学们看着眼前的叶凌，眼中的羡慕少了很多，反观自己，健硕的身体保持着青春的气息。叶凌继续说：“你们看到的是我光鲜的一面，没看到我每天晚上加班到半夜，屁股都坐痛了却不敢动一下。程序员的痛苦，你们是没有看见。”

看着叶凌，想起自己的工作也很困难，虽然跟他不是一个行业，但工作的轨迹总有相似之处。刚进公司的时候，我为了早点熟悉业务，经常跟在师父后面加班，工作到半夜是家常便饭。

师父更厉害，前一阵为了赶一个项目的进度，他在电脑前做资料，从早晨8点一直坐到第二天凌晨3点，屁股都没挪窝。上百万元的年薪，是对他辛苦工作的回报。

面对复杂人生路上的各种困难，我们要有逢山开路、遇水搭桥的勇气，还要有像山涧之水那样百折不回的毅力，向着目标勇敢前进。也许，我们面前会出现很多岔路，让我们陷入迷茫，不知道选择哪一条。升学的选择、择业的选择、朋友的选择等，人生好像有各种选择，我们不知道何去何从，但我们知道要做出选择。

当人们经历了人生的艰难和困苦，失败过，徘徊过，成功和希望才会翩然而至。鸟语花香、蓝天白云下的欢笑声会让经历过辛苦的人们陶醉，想一想曾经遇到过的苦难还心有余悸，灿烂的笑容烘干了他们一路艰难走来的汗水和泪水。

有一位高中同学，没有通过高考这座独木桥，落榜了。可是她的梦想是进入大学，于是她选择复读。她的成绩很差，被学校安排进差的应届毕业班里。这个班级里大多数都是调皮捣蛋的学生，敷衍着对待学习。

她想考上大学，就要付出比原来更多的努力。数学差，她就从最基础的知识开始，弄懂每一个公式原理，做更多的习题，不放过一个错题。她经常学到大半夜才睡觉，第二天一大早又精神抖擞地去学校上课。

化学不过关，她跟在老师后面寻求帮助。有些题目老师觉得太难，考试不可能考到，没必要为这种题目花费时间和精力。她还是不放弃，在茫茫的网海里搜寻正确答案。

她凭着这种不怕苦、不怕累的精神，从一个高考复读生直接考上省城一所有名的大学，引起全校轰动，被学校作为逆袭的典范教育后来的学子们。

有句歌词唱到“不经历风雨，怎么见彩虹，没有人能随随便便成功”，每一个成功者在收获成功之前都要经历风雨的洗礼。

人生自古以来都是好事多磨难。有人曾经说过：“世界上最雄伟的景观往往在险要偏远的地方，需要人们不畏艰难、坚持不懈地向上攀爬，具备坚定的信念才能到达危险的顶峰，享受最美丽的景观。”

有一位韦老板，曾经是一名国企职工。单位倒闭后，他也下了岗，没有工作就没有生活来源，只有外出打工。

他来到深圳，辗转进入几家工厂里打工，学到了民营企业家的管理经验，还学会很多手工技术。民营企业的老板们在市场经济的大潮里奋勇搏击、不怕辛苦的创业精神让他感动。

回到家乡，韦老板开始创办企业。没有资金，他到处借钱，找投资人。没有资源的他经常饿肚子，跟别人软缠硬磨被对方赶出门是常事，经常遭到周围人的白眼，他把这些困难当成创业的必然阶段，一直没放弃目标，终于让企业生产运转起来。

企业生产出产品后，他又开始到处跑销售、跑市场。经常一天只吃一顿饭，坐最便宜的交通工具，住最便宜的招待所。当他历尽千辛万苦卖出第一批产品时，忍不住掉下了眼泪。

经过他的拼搏，一年后，企业盈利五十万元。他的产品物美价廉，非常畅销，企业的效益越来越好，第二年赚了两百万元。现在的韦老板已经是资产上千万元的老板。

吃苦有两种形式，一种是被动吃苦，就是不想吃苦，却不得不吃苦；另一种就是像韦老板这样主动吃苦，吃苦是为了以后少吃苦或者不吃苦。主动吃苦是为了获得金钱、荣誉等回报，让生活过得舒服，吃苦不是目的，是为了将来享受幸福的生活。

吃苦是走向成功必须接受的磨难，没有捷径可言，想得到成功，就不能被苦难吓倒，敢于向它挑战。成功不仅带来荣誉，更意味着有一笔可观的财富，等着你去享用。

许多人看着成功者走过的路，觉得很轻松，看着他们站在星光闪闪的领奖台上，觉得很羡慕，却又害怕吃苦，不愿意付出努力。

很多红火的网络小说“大神”，月收入都是十万元、百万元甚至上千万元，有些网文“大神”挤进了富豪排行榜。有些人开始心动，看着“大神”的文字，心想：“这么简单的文字我也会写，挣钱这么容易，我就不用辛苦工作了。”

这些自认为能够成为“大神”的人最终却是一败涂地。他们每天辛苦写出来的作品无人问津，阅读量不高，收入很少，都没有能力支付生活费。

有着高收入的“大神”们，每个人的背后都有挑灯夜战的经历，每天都锲而不舍地更新文字，凭这点就可以让一大批做事没有恒心，又怕吃苦的人惭愧不已。每位“大神”的成长之路都很辛苦，他们要经历现实的生活压力和周围舆论的压力，能坚持到最后的人都是过五关斩六将，才收获成功的。

喜欢写文字，能写文字的人很多，可是成功属于那些苦守在文字海洋里，每天不停动笔的人们。

当花朵绽放出诱人的美丽时，人们觉得花开起来很容易，那是他们没有看到花朵从含苞到盛开经历了很长时间的酝酿，才让我们看到短暂的美丽。那些急功近利的人总想走捷径，可是生活来不得半点虚假，最后他们只能无路可走。

德国哲学家叔本华说过：“一个人的圣灵必须饱受挫折，才能稳稳航行于大海中，否则将只是风的玩具！”

人人渴望成功，但是成功需要付出代价，只有饱受风吹雨打，才能够磨炼出我们的毅力，历经千辛万苦，才能够走向成功，得到自己想要的一切。

越努力越觉得自己了不起

人们在幼年时期，没有太多的责任和压力，觉得做事和学习很辛苦，懒得学，不想做。如果依靠别人为他们解决困难，那么他们以后的生活就会越来越艰难，因为他们什么都不会。只有坚持住信念，努力过好人生的前期，那未来的生活才会越来越轻松。

对于每个人来说，生命只有一次，为了梦想努力过了，当他们回首往事时，才不会因为虚度年华而悔恨，不会因碌碌无为而羞愧，才能幸福快乐地过完这一生。

看过一组漫画，第一张漫画里，很多人朝同一个方向行走，每个人背负着一个沉重的十字架，缓慢而艰难地前行。十字架代表着我们艰难的生活。每个人的身上都有一个隐形的沉重的十字架，为了生活，我们只能努力前行，经历着路上的风雨，战胜各种困难，积累经验。

第二张漫画里，有一个人停下前进的脚步，看着周围辛苦前行的人们，他面上的笑容告诉我，他想到了办法。后面的漫画里，他把十字架的尾端砍掉一块。拖着比别人轻了很多的十字架，他的步伐越来越快。

走着走着，他觉得肩膀上的十字架还是很沉，又停下来再砍掉一截。他毫不费力地走到队伍的前面，看着其他人吃力地负重前行。他一边走，一边哼起欢快的小曲。

这时，路的前方出现一个又深又宽的沟壑，上面没有桥，周围也没有路。他站在沟壑旁边迷茫起来，这时，后面的人慢慢地赶上来，用他们背负的十字架搭在沟壑上，做成一座桥，从容不迫地踏着十字架跨越深深的沟壑。

他也想用自己的十字架，可是他的十字架长度不够，无法帮助他跨越沟壑。越来越多的人跨过沟壑向前走着，而他只能停在原地，唉声叹气，追悔莫及。他的人生将在这里结束。

人生路上，我们背负着各式各样的十字架，艰难前行。有些痛苦，只能自己体验；有些孤独，只能自己品尝；遇到困难也只能自己解决。人生没有捷径，需要自己一步一个脚印往前走。

学生时代，也许一个晚上要写完两支笔芯，做三套卷子，晚睡半个小时，把休息时间奉献给仿佛永远写不完的作业。学习的过程中，肯定会遇到困难，只有凭借自己的毅力才能安然渡过难关，得到想要的结果。

著名的节目主持人蔡康永说过一段话：

15 岁时，你觉得游泳难，放弃游泳，18 岁时，你遇到一个你喜欢的人约你去游泳，你只能说“我不会”。

18 岁时，你觉得英文难，放弃英文，28 岁时出现一个很棒但要会英文的工作，你只好说“我不会”。

放弃努力让你逃避暂时的困难，得到片刻的轻松，但后面的日子会越来越难。只有通过努力，积聚大量的知识和经验，才能在未来的日子越活越轻松。像那位砍掉十字架尾部的人一样，贪图轻松，最后会付出惨痛的代价。

金春和小旭是我的同班同学，大学毕业后，他们俩被分配到同一家公司做同一种工作。论两人的能力和聪明度，小旭更强些，可是他有个毛病就是做事太急功近利，总想一步登天。

工作任务重、压力也非常大，需要长期加班，还要经常出差。小旭在这家公司做了 3 个月，觉得这份工作不仅太累，而且工资又少，他想辞职。

金春劝他："我们才出校门，只懂得书本上的东西，工作能力也一般，无论到哪家公司工资也不会高，还不如老老实实在这里工作，学到很多实际技能，到时候想跳槽也能找到适合的公司。"

小旭根本听不进去金春的话，果断地选择了辞职，离开公司。

金春在公司里努力工作，不断地积累经验，提高技能。他不怕麻烦，辛苦地为主管安排的工作做出十几套可行方案，让主管择优选择；他会为客户的一个小要求，熬夜加班直到让客户满意为止。

小旭在后来的 3 年内，至少换了 5 份工作，这山望着那山高，不停地跳槽换新工作，现在依然在人才市场里被用人单位挑选着。而金春因为出色的工作成绩和踏实的工作态度，得到领导的赞赏，晋升为部门经理，薪金也翻了几番。

小旭知道后不服气地说："如果早知道智商和情商都不如我的金春都能当管理者，那我当初就不应该辞职，坚持下来，我肯定能得到比他现在更高的职位，拿更多的钱。"

世上有很多"早知道"，但不可能回到"当初"。人们早知道坚持奋斗就会有收获，但是大多数人还是选择了三心二意，不愿意下苦功夫去拼搏，最后只能感叹一声"想当初"。

压力大了就想跳槽，工作任务重了就不想做，他们以为凭借自己的能力可以找到比现在更好的工作，很轻易地放弃努力，最后一无所获。

每个人都渴望成功，但是前进的道路上不可能一帆风顺，总会遇到各种各样的困难和挫折。只有迎难而上，克服这些困难，才能在不久的未来感谢现在努力的自己。

有一部美国电影《风雨哈佛路》，由真实故事改编而成。影片中，女主角丽斯是一位来自贫民窟的女孩子，她通过努力改变命运，走进了哈佛大学这座享誉世界的高等学府。

丽斯从小生活的地方是充满着毒品和饥饿的贫民窟，她的父母都是瘾君子，母亲还有间歇性精神病。这样的父母根本无法照顾她，这样的家庭，让丽斯无法正常上学，虽然她的成绩非常优秀。

她也不想去上学，因为常年不洗澡，她身上穿着破烂发臭的衣服，头发里爬满虱子，同学们不愿意靠近她，用鄙视的眼光看着她。学校生活让她感到极度自卑。老师找她谈心，她却无法向老师解释她的处境，只能沉默对待。

后来，她的父母出了事，小小的丽斯被送进女童收容所，直到15岁才被母亲接出来。虽然母亲爱她，却无法照顾她，母亲控制不了坏习惯，最终死于艾滋病。

当时，辍学的丽斯跟着狐朋狗友在外面流浪。他们白天在街边乞讨，或者去偷东西，晚上睡在车站。

她接到母亲的死讯，赶回去参加母亲的葬礼。看着母亲安静地躺在棺材里，没有墓碑，没有牧师，连简单的仪式都没有，就像母亲的一生，充满着悲凉和痛苦。

母亲的死，让16岁的丽斯觉得无家可归。悲惨的葬礼让她开始思考：人到底为什么活着？她知道如果自己继续这样生活下去，母亲的现在就是她的未来或者更糟糕。

她知道只有学习更多的知识才能改变自己的命运，才能让自己走出泥潭般的生活。她敲开邻居家的大门，向他们请求帮助。

进入学校后，她疯狂地学习知识，她知道自己比同龄人落后了很多，只有付出比别人更多的努力，才能追赶上别人的脚步。

她没日没夜地读书，用两年时间读完高中四年的学业，连老师都说是不可能的事，可是她做到了。为了挣学费去打工，她一边打工一边背诵着贴在墙上的知识。

通过她的努力换来全校第一的好成绩，也获得去哈佛大学参观的机会。当她站在哈佛校园里，看着身边充满自信和朝气的同学们，她感觉到她应该进入这样的一所学校。她把进入哈佛当成人生目标。

世上没有白走的路，也没有白吃的辛苦，丽斯通过努力终于如愿以偿地进入哈佛大学，成为学校的传奇人物。

丽斯通过努力改变了自己的生活与未来，她用自己的经历告诉世人：我们无法选择出身，不能选择父母，但这些不能成为我们失败的理由，一切的选择权在自己手里，今天努力了，在不久的将来就会收获到成果。

世上没有让人们绝望的处境，只有对处境绝望的人，没有努力过的人，就没有资格谈成败。拼命努力过了，就算是没有成功也没有什么后悔的。每个人的人生都不长，快乐或者痛苦都是一辈子，理想的生活，是我们一步一个脚印夹杂着汗水和泪水踩出来的。

人的一生，不会一直苦，也不会一直痛，世上也没有永远过不去的坎，更没有闯不过去的难关。咬咬牙，不怕辛苦做事，挺过去，明天的你一定会感谢今天拼命努力的自己。

失败不可怕，可以垫高我们未来的路

生活中，很多让人们烦恼又无奈的失败接踵而来，不断打击着人们日渐脆弱的内心。人生的路上，不可避免要经受各种折磨，失败是必然的经历。既然无法逃避，就好好利用它，把失败当成走向成功的垫脚石，一步步踩上去，走向成功。

所有的成功都离不开坚持不懈的努力和日复一日的坚持，只有坚持下去才能获得想要的结果。有些人会选择放弃，与成功失之交臂；而坚持下去的人会在失败中寻找原因，找到成功的方法。

世界快餐连锁店肯德基创始人哈伦德·山德士一生中经历了1000多次失败，在他66岁之前，总是在失败的路途上踟蹰前行。

他5岁时失去父亲，15岁时自愿辍学开始流浪的生涯。先在农场里做杂活，被解雇后做过电车售票员，很快又被解雇。走投无路的他参了军被分配到后勤部门，一年后服役期满，离开部队的他开了个铁匠铺，不久倒闭了。后来他在铁路公司当了机车司炉工，遇到经济萧条，再次被解雇。

18岁时他结了婚，得知妻子怀孕的当天，他被新东家解雇。当他在外面想尽办法找工作时，妻子卖掉家里所有值钱的东西，搬回了娘家。

无论是生活上还是工作中，他的一生都在不停地失败。有一天，政府给他寄来一张105美元的退休金支票，支票上留言：“当轮到击球的时候你都没有击中，现在你老了，不要再打了，你应该放弃努力，享受你的退休生活。”

哈伦德·山德士不相信自己的人生会以失败告终，他继续奋斗，就算是在失败的人生上再添一笔他也无所谓。

他在加油站旁用退休金开了一间炸鸡店，再次向命运挑战，这次他成功了。

一个人经历了足够多的失败，才能看到成功的曙光。那些屡次失败就心灰意冷的人们应该振作精神，将失败当成通往成功的垫脚石继续拼搏。如果拼搏带来的依然是失败，就再加一块，关键是不要气馁，总会获得成功。

梦想很沉重，你在飞往梦想的途中跌倒之后，伴随着你的只有别人的嘲笑，但是继续辛苦地向前奔走，微笑着面对失败，你就成功了一大半。

泰戈尔在《飞鸟集》中写道：“如果错过太阳时你流了泪，那么你也要错过群星了。”

在一个人来人往的古董集市上，人们互相拥挤着，这时突然传来瓷器破碎的声音。有个人不小心打碎了手中的瓷器，地上是一堆瓷器的碎片。从那些碎片的光泽和做工可以看出，这是一件上好的青花瓷器。

那个人看了一眼地上的碎片，转身准备离开。周围的人纷纷指责他，说：“这人真冷漠，这么好的瓷器碎了，好像一点也不惋惜。”

那名男子无奈地说：“已经成为事实的事再去惋惜也没有用，

好的瓷器又不是只有这一个，我不能为了已经碎了的瓷器浪费我宝贵的时间，我可以去挑选更好的瓷器。”

现实生活中，很多人会为了一次失败而放弃下一次的努力，悲伤地诉说着悔恨的话语，徘徊在失败里不愿意前行。他们应该明白，失败是成功的垫脚石，不要过多关注，既然已经失败，就要重整旗鼓迎接下一次挑战，为已经失败的事情痛心疾首，会浪费宝贝的时间和精力。

人生长路漫漫，不可能一帆风顺，天有不测风云，总会遇到荆棘和巨浪，失败才是常态。不能因为失败就失魂落魄，停止向前。对于人们来说，失败一次就成长一次，把失败变为垫脚石，站得更高，看得更远。

杜丽喜欢电视主持人这个职业，可是上大学时却被分到日语班。在大学里，具有文艺天赋和表演欲望的她，一直活跃在校园的舞台上，是一位出色的主持人。

大四下学期，她开始留意各地方电视台主持人的招聘信息，并且积极报名参加面试。可是每一次她都自信满满，却又失败而归。她鼓励自己：失败是为了积累经验，我一定会成功！

可是失败继续着，终于有一次面试让她崩溃了，觉得自己很无能，不是当主持人的材料。望着阴沉的天，她的心情沮丧到极点，眼泪在眼眶里打转。我走近她，低声问她：“怎么了？”她说了一句：“我又失败了。”然后迅速低下头。

我问她：“你不是经历过很多次失败，怎么这次如此难过？是不是遇到什么事了？”她想了一下，说：“面试时遇到一位中学同学，在学校里她一直主持学校的文艺会演，而且她在大学里学的是主持专业。我不如她，所以发挥失常。”

我说：“你发挥失常是因为你缺乏自信而不是缺乏能力，只要你不畏惧，继续把失败当成垫脚石，大胆地站上去，就会离成功更近一点。”

努力，用坚强的信念面对失败，放下精神压力，赶走缠绕着自己的恐惧和无奈，放松一下。只要坚信：我不会输！抬高步伐，大步向前，做生活的强者，做命运的掌控者。

16岁的韦建红因为家里穷，高中没毕业就去东莞打工。他的第一份工作是在一家灰暗的皮鞋厂里。看着眼前的剪刀、绳子和胶水，他感到了生活的残酷。辛苦的劳作让他无法适应，一个月后他在主管的抱怨声中离开鞋厂。

他看到一家成衣厂招工就去应聘，可是他不会踩机器，笨手笨脚地做了半个月就被主管炒了鱿鱼。他看到工地需要卖苦力的人，觉得自己很有力气，就咬牙埋头苦干了一个月，领到500元的辛苦费，再也没去工地。

他不想去工地，也不想进厂里做事，就拿着手里的500元钱去批发蔬菜零售。他做事有诚信，人缘非常好，生意也越来越好，半年后租了间房子搞起蔬菜批发，很多蔬菜零售商都到他这里进货。

韦建红的生意越做越大，很快月纯收入就突破万元。五年后，他的手里有了笔可观的资金，就想回家乡做生意。

多年的市场历练，让他对市场有了较强的洞察力。他发现小县城里没有上规模的超市，满足不了小城居民日益增长的生活需求。

于是，他把东莞正在盈利的蔬菜批发市场转让出去，回到家乡创办了一家超市。如今他拥有五家超市，成了当地的名人。

很多人向他取经，询问他发财的途径，他笑着回答："是生活让我一次次经历失败，失败是人生的一笔财富，把失败当作成功路上的垫脚石，财富就会不请自来。"

古人说："宝剑锋从磨砺出，梅花香自苦寒来。"人生之路不可能一帆风顺，我们能做的就是尽自己的能力去战胜失败，把失败当成垫脚石，抬高我们远眺的目光。残酷的现实面前，我们根本无法逃避，也不需要逃避，只有用实际行动超越失败的自己，向着高处努力攀登。

人生如果只是平淡安静地度过，就缺乏很多乐趣。没有坎坷的人生路是没有生趣的，人活着的意义就是与苦难做斗争，因为最美的风景在险峰。在爬上险峰的路途中，经常经历失败，把失败当成绊脚石，就只能站在山脚下遥望险峰；把失败当成垫脚石，才能到达无限美丽的巅峰。

人生的路很长，我们要大步向前，要坚定必胜的信念，要相信：风雨过后，天空会出现七色的彩虹。

即便踏着荆棘，也要走出人生的迷茫

人生，没有一帆风顺的路，向前的路上总会布满荆棘，当然，也会有美好跟随而来。现实生活里，有逆境就会有顺境，踏过荆棘才能走上充满芳香的鲜花大道。

很多人努力过后没有收获到想要的结果，就会陷入深深的困惑里，活得越来越迷茫。这个时候人们要懂得拿得起，放得下，撇去人生太多的欲望，客观地看待得失，按捺住坏情绪，才能够走出迷茫。

当我们去往不同的地方，面对陌生的人群后会发现，人生的每一天、每一时、每一分、每一秒都有预想不到的事情发生，会遇到更多的朋友，有份更融洽的感情。世界也日新月异地发生着变化。

我们走的路越多，经历会越多，眼界和心胸会变得越广阔。放大人生格局，不被身边琐碎的小事迷了心灵，才不会愤世嫉俗地怨恨这个世界。

踏过荆棘，走出人生的迷茫，用坦然、平和的心态面对这个繁杂的世界。

看过一个故事：

一天，农夫家里养的驴不小心掉进附近的一口枯井里。听着驴在井底的哀号声，农夫心疼不已。这头驴陪伴了他很长时间，帮助他做过很多事，是他最忠实的朋友。农夫想了很多办法，想把驴救上来，可是又深又狭小的枯井根本无法让驴庞大的身躯出来。

转眼几个小时过去了，天慢慢黑了，驴还在井里痛苦地叫着。农夫实在没有办法，为了减轻驴等待死亡的痛苦，决定把它活埋。农夫唤来左邻右舍的亲戚朋友们帮忙，挖泥土丢到枯井里。

刚开始，枯井里的驴被不停丢进来的泥土砸到，叫得更加凄惨，可是过了一阵却安静下来。农夫好奇地伸头往井里看时，眼前的景象让他大吃一惊。

丢到枯井里的泥土落在驴背上时，它会把身上的泥土抖搂，然后踩到泥土上面。随着泥土的增多，驴也慢慢地升到井口，在人们惊讶的目光里跑回家。

漫长的人生旅途中，难免会陷入人生的“枯井”，被尘世里各式各样的“泥沙”砸在身上。迷茫的人会消极地等待被“泥沙”埋没，直至死亡；努力的人会积极地想办法摆脱泥沙。脱离“枯井”的秘诀是把砸在身上的“泥沙”抖搂，一步步站在“泥沙”的最上面，不向困难低头，最终走出困境。

生活中，我们遇到困难和挫折时，换个角度去想问题，像那头驴一样，把泥沙变成走出困境的“垫脚石”。用我们顽强的意识力，坚持不懈地抖搂“泥沙”，然后站上去，就算陷入生死境界，也可以安然度过。

困难来临时，我们要增强自信心，用肯定、沉稳的态度面对困境，就可以化险为夷。成功的力量往往潜藏在困境中，不能因为别人的不接受、不理解、不支持和不赞成就丧失信心。别人不是你，你的路要靠你走出来。

朋友陈新艳在设计公司做设计师，她高雅的设计方案赢得客户们的赞许和认可，很快升为公司的首席设计师。可是她却辞去高薪的工作，开了一家餐饮店。她的决定遭到家人的强烈反对，她却坚持把所有积蓄都拿出来投到餐饮店里。

第一年，陈新艳的餐饮店一分钱没有挣到，到了年底，连第二年的房租都交不上。当房东要房租时，她的父母没有帮她，而且不停地数落她，反对她开餐饮店的声音更大。

陈新艳向朋友借了10万元钱交了房租，坚持把餐饮店做下去。有了第一年的经验，她懂得了很多经营餐饮店的技巧，在她的努力下，店铺终于走上正轨。第三年，她用赚的钱开了第二家分店，装修得更符合人们的心理需求，菜品深得食客的满意，当然也赚了更多的钱。

她准备乘胜追击开第三家店时，家人反对的声音再一次回响在她的耳边，可是她继续坚持目标，向朋友借了50万元开了一家比第二家店档次更高的餐饮店。

有朋友问她："你为什么放弃那么好的工作辛苦地开餐饮店呢？"她笑着回答："我了解自己，我这种人的性格不适合上班，不适合在公司里打工，公司领导也未必喜欢我这样的员工，我只适合创业。每天朝九晚五地坐在办公室里，我感觉要窒息了。我喜欢冒险，有很多奇特的主意。"

朋友又问她："你怎么想起来做餐饮呢？"

陈新艳回答："我喜欢美食，而且做餐饮的门槛比较低，凭我的能力，只要肯钻研，能吃苦，肯定能做好。"

朋友说："能做好？第一年不是连房租都交不起了吗？"陈新艳笑着说："第一年是磨合期，赔钱是我预料中的事情，就当交学费了。我摸索清楚这行业的窍门，就可以赚钱了。"

朋友佩服地问："你的家人都强烈反对，你怎么敢冒险借那么多钱开第三家店呢？"陈新艳回答："其实我并没冒险，我借的钱一定能还上。我也设想过最坏的结果，实在不行我再做回老本行，以我之前在设计行业的口碑，完全可以赚足够的钱来还债。”

陈新艳告诉朋友：“家人反对是因为他们与我的价值观和眼界不一样。他们希望我能过安逸的生活，在办公室里拿着固定的工资。可是我不想做一辈子的打工者。”朋友用敬佩的眼光看着陈新艳。

她不想过那种痛苦又迷茫的生活，就一直在脑海里勾勒着创业计划，并且排除万难付诸行动。如今，她已成为几家很红火的餐厅的老板。

大多数人害怕尝试另一种生活，怕后悔，怕失败。他们躲在安逸的角落，羡慕别人奋斗过后可以享受安稳、平静、富裕的生活。

很多人经历过一段困苦的拼搏后，明白了活着的意义，获得了内心真正的安宁。而那些迷茫的人，不知道自己想要什么样的生活，也不花时间去发现自己的兴趣，更无法体会拼搏后带来的快感。

大学生在面临毕业时，总会犹豫，不知道未来该走向哪里，考研，出国深造，还是进入社会找份工作？这个时候的迷茫对大学生们而言太司空见惯了，他们不知道自己要的是什么。

社会上流传着一种声音：有了研究生文凭就可以有一份好的工作。很多同学顺应时代潮流选择考研，继续奋斗。

考研的同学可以一天十几个小时泡在图书馆里，他们不觉得读书枯燥无味，他们有了目标，并且坚定不移地走下去。

而有些同学更向往快乐的玩耍，享受靓丽的青春生活，认为考研是一种精神上的束缚。

变幻多端的人生经历教会人们面对现实，不要给自己的人生下定义。没有付出努力就选择放弃，最终会一事无成。人的潜能是无法预知也是无极限的，只要坚持不懈地走下去，就可以克服一切困难，走出迷茫。

从起点到终点，人生无处不圆满

我们赤裸裸地来到世上，又赤裸裸地离开，冥冥中好像画了一个圆，从起点回到起点。每个人都是一个独立的个体，会有不同的圆，能把这个圆画得最圆满的人，就是生活的强者，拥有快乐、幸福的生活。

世界就像伊甸园里的果实，充满着迷人的诱惑，人们天生对这个五彩的世界充满各种欲望。人们站在圆里，看到圆外充满诱惑的东西，忍不住想走出圆去靠近，放弃对自己的控制，放纵欲望，最终走向失控的人生。人生，就是跟自己斗争。

古希腊的哲学家德谟克利特说过："和自己的心进行斗争是很难堪的，但这种胜利标志着这是深思熟虑的人。"我们要树立良好的心态，正确对待现实生活和社会，不能太理想化，也不能太庸俗化。

美国有位名人叫本杰明·富兰克林，美国人称他"第一美国偶像"。他有很多头衔：政治家、科学家、发明家等，研究的领域涉及物理、数学、植物学等，发明了避雷针、烤炉、双焦距眼镜等。

取得辉煌成就的他出生于一个贫苦的家庭。

本杰明·富兰克林的父亲是一个以制造蜡烛和肥皂为业的普通工人，家里有17个孩子。本杰明8岁开始入学读书，学习成绩优异，但是家里孩子太多，父亲无法负担他的学费。两年后，10岁的本杰明离开学校回家帮父亲做蜡烛。

12岁的本杰明在兄长的出版社里当学徒，为未来的发展打下了基础。17岁时，他离开家乡，走向自己辉煌的人生旅途。他后来被一家著名的杂志评为影响美国的100位人物的第6名。

本杰明给自己制定了13条道德准则，每天都会对照准则上的条款来检查自己的行为。有违反准则的事发生，他就会记录下来，警告自己，修正行为，勒令自己不再违反准则。

最终，他从一个普通得不能再普通的人成长为世界公认的“最伟大的美国人”。这个穷孩子靠自己的努力取得成功的事例，诠释着普通人也可以白手起家的“美国梦”。

人生的不同阶段会遇到各种诱惑，只有用强大的自制力约束行为，才能够达到目标，享受快乐。

人们的内心充满各种欲望，每个人都想满足欲望，追求梦想。在追求梦想的路上，会遇到很多困难，感觉累的时候，就想找一个逃避的借口，偏离计划，离开自己画的圆。

当走到人生的岔路口时，看着眼前参差不齐的一条条道路，觉得走哪一条路都会有压力。只有控制住自己的行为和欲望，才能沿着既定的轨迹，坚定不移地走下去。

人在旅途，经常会放弃最初的目标，离开自己的人生轨迹，导致前功尽弃，享受不到真正的快乐。

一个发生在第二次世界大战中期的真实故事告诉人们：控制行为，达到目标并没有想象中那么难。

当年，美国降落伞的安全性能不够，在降落伞制造商的努力下，降落伞的合格率上升到99.9%，仍然无法达到100%。对于部队来说，每一个军人的安全都很重要，降落伞的合格率必须达到100%。可是制造商不以为然，他们认为能够达到99.9%已经是接近完美，他们跟军方的人强调，任何产品都不可能达到100%的合格率，除非奇迹出现。

当时空战非常频繁，经常用到降落伞，那是空军生命的保护伞，可是99%的合格率意味着一千个伞兵就会有一个人因为跳伞而送命。

军方想了个办法验收制造商的降落伞，他们从交货的降落伞里随机拿出一个，让制造商佩戴起来，然后让他从飞机上跳下去。

见证奇迹的时刻到了，从此，制造商生产出来的降落伞合格率达到了100%。

当制造商必须用性命保证产品质量时，合格率就不再是问题了。

每个人的潜能都是无限的，需要靠必要的手段去激发出来。我们要用强大的自制力约束欲望，克服重重困难，增大自身格局，坚定不移地沿着人生的轨迹走向目标，完成之前貌似完成不了的任务。

年复一年，日复一日，四季轮回，日夜交替是大自然画的一个又一个圆，人生也是如此。“人生于尘，归于尘”，终将回归大自然。有生之年，我们要努力画好这个圆，给自己一个圆满的生活，一个幸福快乐的人生。

选择了远方，必须无理由接受“风雨兼程”

如果你的前方有两条路，一条是平坦的路途，没有艰难险阻，风平浪静，也没有鸟语花香，平常得没有任何波澜，直到终点；另一条路狂风骤雨，荆棘密布，充满各种困难，但是只要坚持下来，就能够得到你想要的一切。

两条路，你会选哪条？

生活的道路不可能一帆风顺，有时候晴空万里，有时候和风细雨，有时候狂风暴雨。只要风雨兼程，不怕困难向着梦想行走，就会收获到自己想要的成果。

诗人汪国真说过：“我不去想是否能够成功，既然选择了远方，便只顾风雨兼程！”

真心想做一件事，就会不遗余力、争分夺秒地努力。不管遭遇多少失败，尝到多少苦果，都应该矢志不渝、风雨兼程地奔赴梦想的港湾，越是颠沛流离，越是要迎着风雨勇敢前进。

人生就像是一辆单程列车，只能向着远方前进。路上有美丽的风景，也会有无声的黑夜。前方还有令人眼花缭乱的岔路口，任何一个选择都会改变你今后的旅途。人生没有后退，不要只留遗憾。

刘颖刚从学校毕业应聘到超市工作，性格内向又腼腆的她在一个陌生的环境里，内心充满着恐惧。她担心做不好领导安排的工作，还好，周围的同事会教她业务知识，帮助她适应新的环境。

慢慢地，她从新员工一步步成长起来，通过了实用期，渐渐熟悉了收银的工作。她认真仔细地做好每一件事，努力做最好的自己。

有时候她会想起走过的路，记忆最深刻的就是她总是会犯错误。为了改正错误，她付出很多辛苦，流下辛酸的眼泪，但她在这些错误中成长起来。

刘颖觉得，自己既然选择了这个工作，就要努力做好，这是一种责任也是一种担当。在工作中的每一次错误都会让她成长，让她在错误中学到扎实的技能，积累更多的工作经验。

每个人都在磨炼中成长，在阴暗的雨天里举步前行，在风雨过后泥泞的道路上艰难行走。人的一生，会遇到很多事，也会犯下很多错误。错误不代表人生的失败，相反，我们可以在错误中接受教训，懂得更多，找到我们需要改进的地方。

有梦想的人，在追求梦想的过程中会经历很多的风雨。想看见美丽的彩虹，就要经历狂风暴雨的考验。

王闯早年喜欢读诗，立志成为一位诗人。他钟爱长长短短的诗句，喜欢诗词里富有张力的文字。别人花钱喝着香甜的奶茶、吃着香气四溢的汉堡时，他把攒下的零花钱，买了一个精致的本子，在上面写下属于他的诗篇。

那个本子的封面非常漂亮，背景是蓝天白云，一个穿着白色休闲服的男子面朝蓝色的海，看着远方，憧憬未来。

梦想是美好的，现实是残酷的，梦想在繁重的学业面前显得非常遥远。王阔回到现实，将梦想变成了志愿、分数和大学。他懂得要生存才有资格谈诗篇。

每个人都不能免俗地追逐着世俗的梦想，蹉跎岁月，很多人会忘记曾经的呢喃。知识是生存在现实里必须拥有的技能，只有学会更多的知识，懂得更多，才能拥有自己想要的生活，才可以重拾梦想，享受着写诗带来的快乐。

那本漂亮的诗集只能安静地躺在书柜里，很久没有被打开过。那些灵动的文字在等待着它的主人披荆斩棘后再次回到它的身边。

每个人心中的梦想都不同，决定每个人走的路也不同，每条路都会有狂风暴雨，需要人们坚定不移地向前进。

余秋雨在散文《夜雨诗意》里写道："夜雨是行旅的大敌。"人生就是如此，遇到风雨就想后退，只有等待太阳出来，才能继续走下去。无论多么畏惧未知的远方，只要向着远方走下去，就会把风雨丢在身后。

无论梦想的远方是光明还是黑暗，是风调雨顺还是狂风暴雨，都是自己的选择。既然选择了远方，就要坚定不移地走下去。面对狂风暴雨的侵袭，别管路途多么坎坷，都要风雨兼程地走下去。

改变思维，彻悟“车到山前必有路”的道理

高速发展的现代社会里，“生”容易，“活”容易，“生活”却不容易。每天面对烦琐又困苦的生活，我们活得很累，想得到很多，却失去更多。拼搏了很久，梦想还是那么遥远，只能继续向前进，停下来就前功尽弃。人们努力后没有得到自己想要的成果，就会陷入深深的迷茫中。

古人说，车到山前必有路。现实生活中，一切事物的发展，都会经过萌芽、成长、成熟、衰退，直到最后的消亡。一切困难和障碍只是暂时的，坚持信念，就能获得最后的胜利。

网络上流传着一段话：如果爱一个人，陪他去沙漠，那里美丽如天堂；如果恨一个人，带他去沙漠，因为那里艰苦如地狱。

一位年轻人不是为了爱，也不是为了恨，他喜欢冒险，看别人把沙漠说得这么神秘，就想徒步穿越沙漠。进入沙漠前，他做了详细的攻略，买了最先进的户外装备，带上很多矿泉水，然后开始了他的沙漠之旅。

年轻人带着梦想走在荒凉的沙漠上，经过美丽的天堂，最终到达黑暗的地狱。刚开始，他陶醉在大漠美丽的景色里，很快，他陷在漫天飞舞的大漠风暴里，带来的食物和饮用水很快告罄。虽然他带着现代化的通信器材，可是在茫茫大漠上，这些设备就是摆设，收不到任何信号，无法给他定位，找不到走出沙漠的路。

几天后，他筋疲力尽地躺在帐篷里，静静地等待死神来临。帐篷外面是肆意狂舞的风沙。他向残酷的现实妥协，放弃挣扎。

家人与他失联后，找到他的同学朋友才知道他的沙漠之旅。家人很快报警，当地政府立即组织人员进行搜救，又请了很多熟悉沙漠地形的当地牧民做向导，动用十几辆越野车进入沙漠深处进行寻找。

搜救队找到了这个年轻人的尸体。人们惊讶地发现，在距年轻人帐篷500米处就有一片绿洲，只要他再坚持一下，就可以看到那片生命的绿洲。可是，他看着漫天的黄沙，看不到出路，举步艰难，只能选择放弃挣扎，最终失去年轻的生命。

生命的力量是无极限的，只要不放弃，总会守得云开见月明。在寒冷的冬天，如果放弃对春天的追求，就永远看不到姹紫嫣红的风景，无法拥有幸福、灿烂的生活。陷入绝境时要懂得，春天来了，小草自然会变绿；陷入绝境，自然会有死里逃生的方法。

智慧改变命运，坚强的信念可以创造生命的奇迹。

迷茫，是处于青春期的年轻人经常提到的一个词，他们不知道未来在哪里，不知道该做些什么。就算他们找到问题所在，却怕吃苦，不想用努力去解决问题，在迷茫中迷失自己。发现问题后，不要沉浸在烦恼中不能自拔，要置身事外，从另一个角度去看待问题，就会发现天无绝人之路。

王智鹏学到高二就学不下去了，他想认真听老师讲课，也想好好学习，可是基础知识太弱，根本听不懂老师讲什么，他只想睡觉或者玩手机。同学们都在认真学习，而他像一个异类，从心里开始厌学。

他跟母亲说了他的痛苦和迷茫，母亲同意他退学，帮他找了一份工作。进入单位后，他每天只做四件事：吃饭、睡觉、工作、玩游戏。没有压力的人生应该满足了他的要求，可是他觉得自己的心情一直很低落。

他不跟曾经的朋友联系，怕遇见熟人，不喜欢上班，却又无可奈何。他没学历也没经验，只有出卖体力来换取微薄的工资，每天重复着同样的事情。

他对未来一片迷茫，看不到任何希望，他问自己是不是想这样过一辈子，答案是否定的。可是一个没有文化的人只能做些体力活，他梦想的翅膀已经萎缩，只能在低层次的生活里前行。

有一天，他实在受不了压抑的心情，趴在床上哭起来。母亲问他："你是不是还想上学？"他不好意思地点点头。母亲说："想上学就去上吧，不要有心理负担。"母亲帮他找了所学校，让他回归校园，回到他原来的生命轨道。

从此以后，他仿佛变了一个人，努力学习，用知识充实大脑，为梦想做着前期准备，学校生活让他结识了一群志同道合的朋友。朋友教会他乐观地面对生活中的迷茫，用积极的心态去学习和生活。

他为了梦想、为了母亲的期望，定下了未来奋斗的目标，努力向目标前行，不再迷茫。他觉得这样的生活虽然很辛苦，却过得充实又快乐。

知识是静态而封闭的，现实却是动态而变化多端的。出现迷茫的状态时，先用理论知识分析问题出在哪里，找出迷茫的症结，对症下药，再行动起来。

不管以前犯了什么错，那些都是过去式。看不到希望就去寻找希望，学会在逆境中成长，无所畏惧地往前走，就能够走出迷茫。

朋友奎子觉得自己是最倒霉的一个人，高考时，没有考进理想大学，在家人的坚持下学了会计，他对会计没有一点兴趣。大学里的课对于他来说就是煎熬，好像人在魂不在似的，每一次考试都是临时抱佛脚才能够勉强过关，四年的大学生活就这样虚度过去。

毕业时，身边的同学考研的继续深造，打工的进入公司，大多数人都有了不错的出路，而他像只无头苍蝇似的，不知道未来的路在何方，不知道要做什么，感觉非常迷茫。

一天，他应一个朋友的邀约到一家英语俱乐部参加活动，俱乐部老板隆重地向他们介绍刚聘用的一位经理，也是他的学姐。眼前这位貌不惊人的学姐，站在人群中很安静，听到经理的介绍时，大方地向众人微笑着点头。他想知道学姐是如何进入这家很好的单位，还担任高职位的。

老板回答了他的疑问："我招人的时候，很多毕业生都不知道未来在哪里，不知道自己要的是什么，但是这个女孩知道自己要什么，还给我做了一份很不错的公司策划方案。"

奎子仿佛看到了前进的方向，活动结束后找到学姐，说出困惑和迷茫。

学姐说："其实我一开始也迷茫，不知道能做什么。老师告诉我，大多数人都会迷茫，感觉迷茫时就先做好身边的事，给未来积累经验，就可以走出迷茫，找到人生的方向。”

学姐迷茫时，做过一些很小的事情来锻炼能力，比如做家教、发传单、参加英语社团等。有一次，由她组织的英语演讲获得成功，这次成功的经验让她觉得，在迷茫面前坐等奇迹，不如主动迎击，做好身边的小事，培养今后的工作能力。

生命对每个人都是公平的，成功者与普通人都会有迷茫的时期。成功者把迷茫看成让他们成功的契机，普通人把迷茫看成麻烦，避之不及。面对迷茫的不同态度，让成功者和普通人之间出现一个巨大的鸿沟。

当陷入迷茫时，要强化意识，改变思维，明白“车到山前必有路”的道理，陷入绝境意味着全新的机会即将到来。

尽力而为的猎狗和全力以赴的兔子

“尽力而为”和“全力以赴”从字面上来看有点相似，都是努力完成一件事。实际上，这两个词代表着两种截然不同的人生态度，也造就了两种不同的人生。“尽力而为”是被动做某件事，而“全力以赴”是付出自己全部的力量去做成某件事。

很多时候，我们接受任务会说尽力而为，遇到困难时也会劝自己尽力而为，其实心里有了畏难的情绪，只是敷衍，提前给自己找好了退路。用“全力以赴”的态度做事时，遇到问题会想办法，直到解决问题。

西方有一个童话故事：

有一年冬天，猎人带着猎狗去山里打猎。在雪地上，他看到一只兔子，便悄悄地举起手中的猎枪，击中兔子的后腿。受伤的兔子拼命地往远处奔跑，猎狗跟在后面穷追不舍。

可是，兔子越跑越远，猎狗和兔子之间的距离越来越大，最后猎狗看不到兔子的踪影，悻悻地回到猎人身边。猎人看着雪地上殷红的鲜血一路向前，消失在远方，那是受伤的兔子留下的，再看看垂头丧气的猎狗，他气急败坏地说："你真是没用，追不上一只受伤的兔子。"

猎狗很不服气地辩解道："我已经尽最大的能力去追那只兔子了，只是它跑得太快了。"

受伤的兔子回到家里，别的兔子围过来，关心地问："刚才看到你后面那只猎狗很凶，跑得飞快，你受了伤是怎么甩掉它的呢？"

受伤的兔子回答："它是为了完成猎人的要求尽力而为，追不上我，最多被猎人骂一顿。而我是全力以赴地逃命，我不跑快点，命就没有了啊！"

现在社会里，很多人习惯说："我已经尽力而为了。"事实上，只是尽力而为远远不够在这个竞争激烈的社会中争得一席之地。只有尽可能地发挥出自身的潜能，全力以赴地做事情，才能够摆脱恐惧和阴影，克服困难和障碍，取得比别人更大的成就。

人们有很多美好的愿望：事业有成，赚很多钱，取得更好的成绩，有个幸福的家庭，等等。大多数人只停留在"想"上，为了理想尽力而为，却不是全力以赴，而每位成功者都是全力以赴。

很久以前，美国西雅图有一位德高望重的牧师戴尔·泰勒，他在教会学校里宣布："如果哪位同学能背出《马太福音》中第五章到第七章的内容，我就邀请他和我一起参加'太空针'高塔餐厅的聚餐会。"

"太空针"高塔餐厅是当时美国西雅图最高级的餐厅，在那里可以遇到很多有名气的人，而且和牧师戴尔·泰勒一起用餐也是一件光荣的事，所有同学都跃跃欲试。

世上没有免费的午餐，牧师要求背诵的这几个章节连贯性不强，读起来拗口。按牧师的说法，在他几十年的教师生涯里，虽然每年都会要求学生们背诵这几个章节，但是他还没有看到一个学生能够很顺畅地完整背下来。

这一次，一位11岁小男孩完成了这个不可能完成的任务。在规定的时间里，这个小男孩一口气背完了牧师要求的章节，没有错误，也没有停顿。

牧师吃惊地看着眼前的小男孩，问："你怎么背下这么长的文字的?"小男孩回答："我想去餐厅与您共进晚餐，必须全力以赴背这些我不懂的文字。"

当小男孩坐在餐厅里，居高临下地俯视整个西雅图的美景时，对未来充满憧憬，心情也澎湃起来。这是他第一次引起人们关注，十几年后的他让整个世界为之侧目，他就是微软公司的总裁比尔·盖茨。

在全球化的信息时代，人类社会日新月异地发生着各种变化，我们不全力以赴，就跟不上时代的步伐，会被社会淘汰。很多人没有意识到这个问题，经常责怪社会发展太快，抱怨付出的努力没有得到该有的回报。

微信朋友圈看到一句话：“我们总是会拿‘尽力而为’来逃避人生路上的荆棘和坎坷，却不愿意全力以赴，真正的顺其自然是全力以赴后的不强求。”

大学毕业后，同学们走上工作岗位，也有些同学开始创业。创业的同学每天会在朋友圈里发着创业的照片，或者与某位成功人士的合影。他们的工作越来越成功，生活过得越来越美好。

我在体制内做着千篇一律的工作，很羡慕他们多彩的生活，感觉他们的运气真好，好像不费吹灰之力就收获了成功。仔细观察后发现他们取得成功也不容易，看上去懒散的朋友，遇到事情会全力以赴，不畏艰难地全力向前冲，最终获得成功。

每天，当太阳刚刚升起，一位同学就在朋友圈里发出感悟的心灵鸡汤，鼓舞自己，同时也激励着她朋友圈的人。她发朋友圈的时间都在早上 6 点左右。有一次，我问她怎么每天都起得那么早，她笑着回答：“我跟太阳一起起床。”我仔细翻看她的朋友圈，发现她每天在太阳升起时发出信息，就开始不停地忙碌，神出鬼没地出现在世界的各个地方，让人羡慕的同时，也感觉到她的辛苦。

看下自己，如果让我每天 6 点起床，短时间可以坚持下，长时间却非常困难，尤其在寒冷的冬天，温暖的被窝让我难舍难分。我会在温暖的召唤下“顺其自然”地赖床，磨蹭到上班的时间快到了，才匆忙起床，奔向单位。

同学对事业充满激情和斗志，她经常奔波在不同场合，见着不同的人，说着不同的话，却总是斗志昂扬，仿佛她总是有用不完的精力。

再看看自己疲惫的苦脸，坐在安逸的温床上却感觉非常痛苦，“顺其自然”地过着舒适的生活，却感到那么迷茫，活得浑浑噩噩。

偶尔看到这样一个小段子：

一个开着180万元豪华轿车的老板，银行贷款1800万元，他生活在生与死的边缘！

一个开着18万元小轿车的人，每个月的房贷8000元，他生活在水深火热里！

一个骑着1800元电动车的人，银行有存款18万元，他生活得安逸又迷茫。

富豪用尽全力，甚至贷款才有了让人羡慕的生活，每天都在奋力拼搏着，而普通人更趋向于安逸的生活，有着吃不饱饿不死的存款，过着无波无浪的生活。

现实的社会就是如此，有太多的诱惑，却不让你轻易得到。掌控自己的命运，全力以赴去争取，才可以收获有质感的生活。生命对于每个人来说只有一次，如果曾经全力以赴地拼搏过，哪怕拼尽全力没有收获，但是全力以赴的过程也会让我们铭记在心。

第五章

用自制力护航，决不让幸福沦为空想

幸福，不是走几步就能到达的，需要用坚强的自制力来护航。通过努力走出迷茫的境地，才能到达成功彼岸，享受幸福生活。放任自己躲避现实中的苦难和险阻，深陷泥潭时才开始慌张，想重新振作起来，幸福已经沦为空想。

没有伞的人，只能努力奔跑

现实生活中，我们会经历人生的各种风雨，需要各种各样的“伞”为我们挡风遮雨。小时候，父母像撑起的大伞一样守着幼小的我们；长大后，这把充满亲情的伞无法遮挡外界越来越大的风雨，一切只有靠自己。

没有伞的保护，我们只能独自面对现实的风吹雨打，苦难的磨砺会让没有伞的人更加坚强。依靠自己的力量，努力向前奔跑，才能到达目标。付出的越多，就可以得到越多，有能力保护自己的同时还可以为身边的人挡风遮雨。

曾经我有一位同学秋秋，是学校里出名的老好人，看见每个人都保持着微笑，好像她的生活里一直充满阳光，跟她在一起的人都感到快乐。她是一位品学兼优的好学生，不仅拿到了学校的奖学金，还利用业余时间在外面打工。放假时，我们商量去哪里游玩，她却说自己有很多事要做，后来我们才知道，她在假期里要打几份工。

秋秋的家在遥远的大山里，我们来到她的家乡附近，通过微信联系她，正在忙碌工作的她没有时间赶回来，让她的父亲接待我们。

秋秋的父亲穿着一身工作服来到镇上，黝黑的面庞上挂满疲惫的微笑。看到女儿的同学们，他非常开心，热情地带着我们走进大山，走近秋秋的生活。

秋秋的家是一个破旧的三层小木楼，家里有两个孩子，她是老二。她的哥哥已经参加工作，没有学历只能跟父亲在工地上打零工。秋秋的母亲常年生病，需要支付高昂的医药费，对于贫困的家庭来说是个沉重的负担，这也是秋秋假期还在外边打工的原因。

提起秋秋，她的父亲非常自豪，可是她的母亲却流下了眼泪。阿姨告诉我们："她能上大学是件好事情，我们为她自豪。可是两年了，只有过年才能看见她，家里的人都牵挂她，都是我的病拖累了她。"

我们这才知道秋秋的生活原来这么艰苦，想起她微笑的脸庞，仿佛看到她微笑里面隐藏的坚强。

后来，我问秋秋："你不想家吗?"她脸上的笑容慢慢淡去，苦笑着回答我："当然想家，可是我有责任要承担。在这个现实的社会，只有努力才能帮助家里解决实际困难，让母亲有钱治病，让我可以交得起学费。不是我不想回家，而是我回不了家。"

我们抱怨父母没有为我们提供更好的条件时，有没有想过他们正渐渐地老去，我们的生活还要继续。我们没有父母的守护，遇到困难就放弃前进，遇到坎坷就退缩，看到风雨就躲避，最后退无可退，只有抱怨着过完痛苦的一生。

成功，不是随便走几步就能到达，困境也不是捋捋袖子就能逆转。很多事情只有努力才能到达成功的彼岸。放任自己躲避现实中的风雨，意识到深陷泥潭时才开始慌张。想前进，就要付出更多的努力和风雨做顽强的斗争。别人在努力奔跑，而你在原地踏步，当想明白再去追赶别人的脚步时，不花个两二年的时间根本是不可能的事。

有一位朋友常奎，初中毕业就找了份工作，在一家库房当管理员，工作轻松，不需要太多的知识和能力。他每天抱着手机玩，玩累了抬头看看监控屏上仓库里的情况，伸个懒腰，到处转转后回来，坐下来又开始玩手机。

他看着同学们在学校里辛苦学习，为了高考而努力奋斗，熬夜到凌晨，写着数不完的试题，读着堆成山的书籍。他再看看自己，过着悠闲的生活，到时间就拿工资，有钱又有时间，觉得自己过着神仙般的生活。

七年后，当年的同学走上了工作岗位，过着他们精彩的人生，在朋友圈里发着各自的成就，来往于世界各地。这时，常奎也从一位普通的库房管理员变成了资深的库房管理员。

七年后的他坐在阴暗的库房里开始感到迷茫，不知道活着的意义。他每天都重复着昨天的生活，行尸走肉般活着。

现在他看到游戏就感到厌倦，所有的游戏都大同小异，没有太多分别，再有趣的游戏都吸引不了他的注意力。告别游戏后的空闲时间，他不知道自己该做什么，能做什么，而他才二十出头，未来的日子还很长。

常奎想摆脱困境，等待他的将会是一段很艰难的路，必须拼命奔跑才能得到他想要的人生。而他已经被圈养得太久，失去了年轻人该有的活力，就像一只慵懒的猫，等着主人给点食物，沦为一个行走的酒囊饭袋。

我们可以羡慕富豪的精彩生活，学习他们的成功经验，但不能去攀比。富豪们的富裕生活是经过他们或者他们的父辈们不断努力得来的，当我们躺在安逸的温床上抱怨时，他们却为了更精致的生活在奋斗。

生活中弥漫着风风雨雨，只有努力向前奔跑，才可以离梦想更近一点。抵达终点的不一定是英雄，现实社会里，还是普通人多一些。对于我们来说，只要努力向着目标奔跑，就是成功。

一夜暴富只会是梦

这年头，想一夜暴富的人不少。对于普通人来说，一夜暴富是不可能的。那些想一夜暴富的人躺在床上喊着要发财，抱怨命运不公平，一事无成还整天吃喝玩乐，不务正业，过着浑浑噩噩的生活还觉得理所当然。就算是给他们一夜暴富的机会，他们也消受不起。

人的承受能力和他们的格局息息相关，给那些做梦的人一个公司，让他们一夜暴富，他们也没有能力经营下去。对于突然而来的财富，反而会刺激他们脆弱的神经，让他们无福消受，甚至会给他们招来祸端。

普通人一夜暴富的途径就是中彩票，可是搜索彩票大奖得主的结局会发现，无论是国内还是国外，悲剧多于喜剧。大多数人拿到奖金后依然穷困潦倒，甚至妻离子散、家破人亡，锒铛入狱、暴尸街头的也有很多。暴富撑大了他们的欲望，却没有扩大他们的能力，而欲望是没有止境的。

江西一位小伙子张某，下班途中买了一张彩票中了五百万元的大奖，三年时间他就挥霍一空，全部输光了，老婆也跑了。悲惨的是他习惯了一掷千金的生活，没办法再踏踏实实地工作，为了赌一把，他恶意透支信用卡，最后还是输光了。

他唯一能够发财的办法就是继续买彩票，可是命运之神没有再次眷顾他，等待他的是冰冷的牢狱。

一夜暴富只会是梦。富豪们有今天的成就是他们或者他们的父辈一步步走出来，钱也是一分分攒出来的。

思想家荀子在他的《劝学篇》里有这样一句话："不积跬步，无以至千里；不积小流，无以成江河。"意思是再遥远的行程，哪怕要走一千里，也是从第一步开始，江水和河水都是从一个个小溪流汇集而成。这是在告诉人们，做事要脚踏实地，不要畏惧困难，也不要小看脚下的半步，每天走一点，才能走到目的地，得到自己想要的生活。

一步登天很难，脚踏实地地行走不难；一鸣惊人不容易，每次完成一件事很简单；突然成为旷世天才不容易，每天进步一点并不难。

道理人人都懂，但是要拿出实际行动去做时，就不是那么容易了，需要有强大的自制力来控制自己的行为，把众所周知的道理落在实处。

小许、小陈和小魏毕业于同一所大学，是同一个班级的学生，四年的大学生活让他们结下深厚的友谊。工作后，三个人经常聚在一起，互相探讨着工作上的事情。

三个月后，学习优秀的小许感觉知识不够用，工作的业绩越来越差，情绪越来越坏。小陈按部就班地工作，不求无功，但求无过，慢慢地超过小许。

小魏在学校的时候，成绩比不上他的两位同学。看着学习能力最强的小许都打退堂鼓了，而小陈辛苦地工作，业绩也不是很好，他对前途也失去信心，觉得自己不会比他们做得好。

小魏找到经理，说："经理，我来公司三个月了，还是跟不上公司的节奏，好像一点进步也没有。"经理说："你有进步，只是比别人慢点，你应该继续努力，每天进步一点，尽早适应岗位。"

经理让小魏每天给自己提个小要求，每个月读完一本专业书籍。小魏觉得经理说的有道理，也不难，就按着经理的方法去做。

一年后，小许因为业绩不好，同学都比他强，情绪更加低落，选择了辞职。小陈做事马虎给后期工作带来很多问题，用了更多的人力和物力去弥补，成绩和过错相抵消，他的业绩一般。

在工作上没有任何优势的小魏，在经理的指导下每天进步一点，不断地提高专业知识，熟悉工作，灵活自如地处理工作上的各种问题，反而成为他们三个同学里面业绩最好的一位，被公司升职加薪。

把“每天进步一点”用到职场上，每天都有一点进步，用小步慢跑跟上别人的脚步，积聚力量，最终超越别人，成就自己的事业。

每天进步一点用在训练动物上也能获得出奇的效果：

海洋公园里有一条大鲸鱼，重达 8000 多公斤。看上去笨重的它却可以拖着庞大身躯跃出水面，在训练师的指导下表演各种杂技。

人们惊奇地看着这条灵巧的大鲸鱼，有人询问训练师：“这条鲸鱼真的太神奇了，你是怎么发现它的？”

训练师笑着说：“这就是一条普通的鲸鱼，它的技能是我们训练出来的。”

那人惊奇地问：“你们把这么笨重的鲸鱼训练得这么灵巧？”

“是啊，”训练师说，“刚开始，我们会把绳子放在水里，绳子前面放着给它的奖励，它不得不从绳子上方通过，拿到奖励。然后，我们慢慢地把绳子提高，当然，每次提高的幅度很小，鲸鱼不花费太多力气就可以跃过去拿到奖励。随着时间的推移，它跃出水面越来越高，最后竟然达到了 6.6 米。”

训练师说，他们训练鲸鱼的诀窍就是每天让它进步一点点，就是这微不足道的一点点，积累起来，也会有惊人的效果，创造出让人们惊讶的奇迹，给人们带来欢笑。

无独有偶，古时候的蒙古人就是采用了“每天进步一点”这个方法训练大力士的：

他们让族里的小孩每天抱着刚出生不久的小牛犊去山上吃草，

小牛犊刚出生时只有十来斤，孩子们可以轻松地抱着它跑到山上。

小牛犊一天天长大，孩子们的力气也越来越大，当小牛犊长成几百斤的大牛时，这些抱着小牛犊上山的孩子们也长成大人，不知不觉中拥有可以举鼎的大力气。

大多数人做事都急躁，想一步登天，却欲速而不达。有些人善于思考，懂得每天比昨天多做一些，这样离成功就会越来越近，坚持的人迟早会成为社会精英中的一员。

企业家鲁冠球的人生信条是：每一天做一件实事，每个月做一件新事，一年做一件大事，一辈子做一件有意义的事。他有很强的自制力，按着自己的信念不断努力，把一个只有六个人的小厂子发展成为资产近百亿元的集团公司。

偶尔看到朋友发的一道选择题，觉得非常有意思。这道选择题是：

1. 一次性给你 100 万元；

2. 第一天给你 1 元，连续 30 天每天给你前一天翻倍的钱。

两个题目选一个，大多数人会选择第一个，落袋为安。可是选择第一个的人能得到 100 万元，而选择第二个的人却可以在 30 天后得到近 5 亿元。

这道选择题告诉我们：不要指望一夜暴富，那样的财富是有限的。成功的起点可以放得很低，哪怕是低到只有 1 元钱、低到一天只会背一个英文单词、低到一天只做一件事，但是今天要比昨天付出更多努力，这样就会积累出一个意想不到的奇迹。

人们走向成功需要一个过程，坚持不懈地努力，不停地超越昨天的自己，每天进步一点，生活会向你展开笑颜。

上天为你打开另一扇窗

打开心灵的一扇窗，让明媚的阳光投射进来，温暖地抚摸着你，让你充满着阳光般温暖的心态。生命因为阳光而更加精彩，有了坚定的信念和源源不断的力量之泉，就能开启人生之路的指路灯。

每个人的心里有两扇窗：一扇窗户的外面是黑云密布，弥漫着悲伤和痛苦；另一扇窗户外面是阳光灿烂，充满快乐和幸福。激情创造生活，心态决定未来，不同的心灵之窗让我们领略到不一样的人生。

有这样一个小故事：

一个小姑娘趴在窗台上，看着窗外的人埋葬她心爱的小狗。那只小狗陪伴她快两年了，因病而亡，她很难过。小姑娘看着泥土撒落在小狗身上，慢慢地掩埋住熟悉的身影，她不禁泪流满面，非常痛苦。

这时，她的爷爷进来了，看到站在窗前痛哭的小姑娘，连忙把她带到另一扇窗前，打开窗户，让她看着窗外灿烂盛开的玫瑰花。浓郁的玫瑰花香随风飘进屋内，流连于小姑娘的鼻翼，带给她轻松和快乐，把她心中的烦恼一扫而空。小姑娘脸上露出快乐的笑容，心情也愉快起来。

老人摸摸孙女柔顺的头发，轻轻地说：“孩子，你开错了窗户。”

窗外的景色带给小姑娘不同的心境，美好的景象让她的心情变得愉悦，对生活充满信心和乐趣。小姑娘在爷爷的帮助下及时换到另一扇窗口，窗外的景象充满着生机和希望，也让她找到自信，可以勇敢地面对现实中的风雨。

也许她的一生没有了不起的成就，但是她生命的每一天都是快乐的。即使遇到不快乐的事情，她也会为自己打开那扇通往快乐的窗户，换个角度看问题，保持良好的心态。

如果她一直待在那扇让她痛苦的窗户前，心情会一直郁闷，悲观厌世的情绪会弥漫她幼小的心灵，影响她未来的生活。用悲观心态看待世界的人，会感受到现实带给他们的痛苦，因而对生活丧失信心，对未来一片迷茫。一个没有信心的人，无法在竞争越来越激烈的社会里生存，随时有被社会淘汰的危险。

朋友孙波在郊区买了套房子，房屋的结构、大小、朝向和小区的环境都让他很满意。房款交清后他就住了进来。偶尔，他打开卫生间通往外面的小窗户，发现墙的外面是一片荒凉的墓地，还有祭奠死人的纸幡飘扬在坟头。

当时，孙波的心里非常不舒服，可是新房子的产权证还没有拿到，现在退房或者卖房是不可能的事情。他住在屋内，想起窗外的墓地就郁郁寡欢，上班没精神，做事情找不到感觉，丢三落四，跟别人说话也时常走神，最后卧床不起。有位好友来看他，问他生病的原因，他指了指厕所，让好友去打开窗户看。

好友没有打开卫生间那扇狭小的窗户，而是拉开了客厅厚重的窗帘，打开阳台的落地窗，然后赞叹了一声，说："真美啊，这里就是天堂。"

孙波听到好友的赞叹有点不相信，挣扎着起床，来到好友身边。窗外蓝蓝的天空上没有一点杂质，纯净而透亮，和煦的阳光照耀在阳台上，轻风拂过屋前魁梧的梧桐树，带来一份清凉。楼下的小广场上有很多可爱的孩子在那里嬉戏玩耍，一阵阵欢笑声，随风飘进屋内。

孙波看着窗外生机勃勃的景象，感觉到希望和快乐，想起自己把所有的心思放在后山的坟堆上，非常后悔。

很快，孙波的病就好了，生活过得越来越好。

人生的漫长旅途中，我们面临很多"窗户"。窗外是阳光还是黑暗，快乐还是痛苦，取决于我们打开了哪一扇窗。看着窗外不同的风景，我们可以收获不一样的心态，拥有不同的人生。

当我们打开"充满痛苦的窗户"时，要用自制力关上这扇窗户，不让自己沉浸在痛苦的情绪里无法自拔。要打开另一扇快乐之窗，领略不一样的风景，找回快乐和自信，并把这份快乐带给周围的人。

曾经，我家阳台对面有一排低矮的棚屋，有一间屋子简陋得仿佛随时要倒掉。站在阳台上，我经常看到一位瘦弱的小女孩从这个屋子里进进出出，好像没看她笑过，她的脸上总是布满着浓浓的幽怨。

一天，我鬼使神差地走近那个简陋小屋，贴着破烂的窗户往里看。

“你是谁？在这里干什么？”突然身后传来一阵清脆的质问声。我回头看，是那个瘦弱的小女孩，气势强悍地站在那里质问我。

我赶快回答道：“我住在附近，想看看有什么能帮忙。”女孩明显地松了一口气，脸上露出笑容，说：“进来坐坐吧。”

我走进小屋。寒冷的冬季，屋里的温度与室外差不了多少。屋内的摆设很简单，一张破桌子、两把旧椅子，还有一个小碗柜挤在这个不足十平方米的屋子里。

里面还有一个更小的空间，放着一张床，女孩指着我对躺在床上的老人说：“奶奶，这是我朋友，让他陪您说说话吧。”我跟老人打了声招呼，说：“您好。”

奶奶拉过我的手，打开话匣子，不停地说着她的孙女：“那是个好孩子，我身体不好，多亏她照顾，她很懂事，细心又体贴我。可是她年纪那么小就要拖着我这个负担，我真的很心疼她。”说着，奶奶就流下悲伤的眼泪。

“奶奶，该吃饭了。”女孩端了碗白米饭过来，扶起老人，把米饭喂进老人的口中。老人家看着眼前乖巧的小孙女，脸上的皱纹慢慢舒展开，眼睛里充满着幸福的泪水。

阳光透过屋顶的缝隙照着祖孙俩，看着她们享受着天伦之乐，一阵冷风从没有掩上的门扉吹过来，带起一阵寒意。

女孩离开后，奶奶告诉我：“她的父母死得早，她和我相依为命。早些年我还能帮助她，现在年龄大了身体也不行了，还要拖累她，真的于心不忍啊。我们现在靠我微薄的退休金来维持生活，我还不能走啊。”

后来，我经常去看望这个可怜又可爱的女孩，陪着那位慈爱的老人聊天。女孩对我说：“也许你觉得我很可怜，其实事实并不是这样，我不可怜，我觉得自己很幸福。虽然我没有父母，但是我有一位慈祥的奶奶，她给了我所有的宠爱。虽然我家里很穷，过得很辛苦，不过，这是上天给我出的一道难题，让我经历别人没有经历的难事，照顾年迈的奶奶，辛苦学习，做饭菜等，虽然很累也很忙，但我会坚持下去，我相信总有一天面包会有的，牛奶会有的，一切都会有的。”

人的一生会遇到很多困难的事，但是拥有乐观的态度就可以拥有快乐的人生，就算是处在黑暗中也会看到希望，面带微笑与阳光靠近。

上天为你关上一扇窗时，会为你打开另一扇窗。我们要正确看待人生的得失，尊重内心的真实想法，保持一颗感恩的心。就算一时无法关上黑暗之窗也要保持愉悦的心态，也要坚信阳光在不远处等着我们。

揭开迷茫的面纱，走出精彩人生

走到岔路口时，人们会感到迷茫，不知道该往哪个方向前进。他们对自己的未来没有完整的规划，没有目标，就会感到迷茫，只能随波逐流。一旦空闲下来发现心里空空荡荡，思维一片混乱，思想极度空虚，感觉时间仿佛一点一滴被浪费掉，觉得活得非常累，就像船没有帆、风筝没有线一样。

遇到迷茫时不需要惊慌，这是命运给予人们的考验，也是一次机会。当我们沉着地揭开迷茫的面纱时会发现，迷茫也不是那么可怕，坚定不移地朝着目标走下去，终能走出一条路。

意大利著名歌唱家帕瓦罗蒂年轻时经历过一段迷茫时期。

帕瓦罗蒂从师范学院毕业后，眼前有两条路，一条路是进入学校做一名普通的老师，另一条路是从事自己喜欢的歌唱事业，或者还有第三条，就是两者兼顾但两者都不会有太大成就。他陷入迷茫，不知道自己该选择哪条路。

帕瓦罗蒂大学里学的专业是让他成为一名合格的老师，但是他喜欢唱歌。到底选择哪条路，迷茫中的他一直做着思想斗争却更加迷茫，他去请教当面包师的父亲。

帕瓦罗蒂把烦恼告诉父亲，父亲深思了一会儿，指着桌前的两把椅子，对儿子说："孩子，如果你同时坐在两把椅子上，你会从两把椅子间的空隙掉到地上，所以你只能选一把椅子坐，才可以坐得更稳当。"

帕瓦罗蒂听了父亲的话，思索了一会儿，决心从事最喜欢的歌唱事业。有了目标就努力去做，路上遇到再多的困难和险阻，都要坚强不屈地跋涉过去，直到他成为一名全世界闻名的男高音歌唱家。

人们不可能占尽世上所有美好的事物，就像坐两把椅子一样，想得到太多，只会从缝隙掉下去，什么都得不到。只有专心做一件事，认准目标，全力以赴，才能走上事业的巅峰。

虽然懒惰是人的本性，但不能让懒惰成为人们走向目标的拦路虎，磨灭了人们的意志。并不是没有成功机会，只是用懒惰拖延了前进的步伐，用迷茫做借口，只想不做。

有一个小故事：

一位和尚要去四海云游，长长见识。师父问他："你什么时候动身？"和尚说："我准备下个星期出行，因为路途太远了，我让人帮我打几双草鞋，拿到货就出发。"

师父低头思索了下，说："不如这样，我请信徒们捐赠草鞋。"第二天，师父告诉了周边的信徒，当天有几十名信徒送来草鞋，堆满禅房的一个角落。

第三天早上，有位信徒送给和尚一把雨伞。和尚奇怪地问："你为什么要送伞给我？"信徒说："你师父说你要出远门，怕你路上遇到大雨，问我能不能送你一把伞，所以我就送来一把伞。"

这天，得到消息的信徒都开始送伞，到了晚上，和尚收到近一百把伞。

做完晚课，师父走进和尚的禅房问："草鞋和伞够了吗？"和尚指着堆成小山的草鞋和伞说："太多了，我不可能全部带着吧！"师父说："天有不测风云，多带点没有错，你也不知道会走多少路，淋多少雨呢，还是多带些草鞋和伞好。"

师父站在禅房里看了看，说："你一路上会遇到很多溪流，我明天让信徒们捐一艘小船给你用。"和尚明白了师父的用心，连忙跪下，说："师父，徒弟知道错了，我现在就出发，任何东西都不带。”

坐在原地想着前途的困难，找着各种理由拖延时间，会越想越迷茫。让自己行动起来，有决心和毅力向自己拟定的目标出发，才能收获成功。

著名作家杨绛说过：“你的问题主要在于读书不多，而想的太多。”这句话普遍反映了人们在现实中存在的问题：做的不多却想的太多，最后陷入迷茫里。

有一则寓言故事告诉我们猴子为什么变不成人。

多年以来，猴子一直想变成人。它看到人类没有尾巴，就想：“我如果没有尾巴就能变成人了吗？我把尾巴砍掉吧。”

它准备砍掉尾巴时，犹豫了。它想：“砍掉尾巴后会不会很疼？”它想变成人，却又怕疼，世上哪有不吃苦就能成功的事呢？

它又想：“砍了尾巴后，我的身体还会像现在这样灵活吗？”改变会经历很多不可预测的风险，只有迎着困难上，才能得到成功。

它看着陪着自己很久的尾巴，想：“尾巴也陪了我这么多年，是我身体的一部分，我不忍心砍掉。”猴子在情感上舍不得尾巴，没有舍哪有得呢？

最终，猴子还是猴子，没有变成人。

人们经常发自内心地想要做出改变，但是很多习惯已经深深烙在人们的思维里，改变很多时候成为一纸空谈。人们陷入迷茫，不知道出路在哪里，急需扭转颓废的情况，必须做出改变。

改变会给人们带来好的发展机遇，需要强大的自制力为改变护航，保证改变的顺利进行。我们要从内心开始改变，从身边的点滴小事开始改变。

刚参加工作的时候，新职员会有一段适应期，面对新的工作，会感觉迷茫，担心不能胜任。

一天中午，我在电脑前忙碌，同事们相约着去吃午饭了，办公室里非常安静。这时一位姑娘走到我旁边的椅子上坐下来。我抬头看了下，是前两天才招进来的新职员，当时她做自我介绍时获得同事们的认可，让我印象深刻，这是一位性格开朗、活泼可爱的姑娘。

眼前这位姑娘却愁容满面，坐在椅子上无聊地玩着手机，情绪非常低落，与前两天介绍时激情飞扬的她形成鲜明的对比。

我跟她打了声招呼，开玩笑道："你咋一脸不高兴呢？是不是有同事欠你钱不还？"她苦笑着说："我感觉在这里上班很无聊，都不知道自己该做些什么。"然后指着我的电脑说，"在团队里，看着你们忙碌，而我像一个旁观者，根本无法参与进来。我觉得很茫然，真想换份工作。"

"你才来两天啊，"我说，"刚到一个陌生的环境，感觉茫然是很正常的事，就算是我这样技术很强、懂得很多、学历很高的，去一个新的地方也会茫然，待几天，习惯了周围的环境就好了。到了新的工作岗位，度过迷茫期，找到新工作的节奏，就会融入这个对于你来说陌生的团队。"

姑娘想了下，觉得我说的非常有道理，决定留下来再试试，说她明天会继续上班，争取融入新的团队。她的脸上再次洋溢起自信的光芒，收起手机，打开电脑，开始忙碌起来。

公司招收新员工都会有试用期，新员工在新公司里开始工作时，要适应新的环境和新的同事，会有些迷茫。迷茫是正常现象，努力克服，试用期过后，就会走上工作的正轨。

岁月就像一条河，左岸是深藏在记忆中的曾经，右岸是意气风发的美好年华，中间是飞速流淌的生命。世间有很多美好的东西，我们可以留住的并不多。在这个纷扰的尘世里，你只有拥有一颗平常心，清楚知道目标，认清自我，走出迷茫，继续向着目标努力前进，才能到达终点，享受快乐生活。

弹奏人生的咏叹调，谱写命运的交响曲

时光匆匆，岁月如逝，我们钟爱的生命就像一首高低起伏的咏叹调，有着优美或者悲怆的旋律。我们唱着动人的歌曲，向着梦想奋勇前进，谱写出一首荡气回肠的生命进行曲。这首典子里有叮咚的溪流声，偶尔平缓或低沉，有时激情四射，充满着向上的憧憬。

人们渴望生命的和弦能发出清亮的音色，却还是会听到悲戚的哀鸣，这些都不是生命的本章。生命的底色在岁月的风霜雪雨里得到启示，跌宕起伏才是人生常态，曲调才会有炫目的亮色，生命的旅程才会更加饱满与丰盈。

我有个朋友忠奎想做一名优秀的英语老师。他决定离开工作的企业去追寻梦想，周围的人都反对他离开，但他坚持。

他劝好朋友冬子一起离开，被冬子拒绝了。冬子说：“你有一

技之长，出去就可以找到工作，而我没有。我是从农村出来的，背负着很大的压力，我不能让家人失望。”忠奎不理解冬子的选择也没有去强求，每个人都有自己的生活方式。

忠奎离开家乡来到省城学校应聘成为一名英语老师，刚开始，他微薄的工资无法在城市里生存。家人舍不得他吃苦，准备每个月支援些钱，被他拒绝，他要靠自己的能力走过这段艰难的岁月。

学校没有职工宿舍，他只有住在地下室里，吃了一个月的泡面后，他非常想念跟冬子在家乡的快乐日子，但他没有后悔当初的选择。他知道想要到达梦想，肯定有段很难走的人生路。

人生就像四季的轮回，春夏秋冬，不同的季节有不同的色彩、不同的乐声。每个人有属于自己的咏叹调，在人生舞台上奏响着自己的生命进行曲。

现实生活里，有人用悲伤的咏叹调抱怨着生命的艰难，过着得过且过的日子，随波逐流，最后变得碌碌无为，索然无味地过完一生；也有人用跌宕起伏的旋律弹奏出欢快的音符，有高潮也有回落，挣扎着向前，过着多姿多彩的生活。

城市里存在着一个普遍的现象：在培训机构的门前，停放着很多豪车。成功人士更爱学习，用知识武装自己，迎接前进路上的新一轮挑战。

再看看网吧门口，停的是自行车或者电动车。这些人遇到困难就退缩，把时光消耗在虚幻的网络里，浪费时间。不爱学习的人根本没有知识和能力，克服前进路上遇到的困难和险阻，更不会有辉煌的成就。

朋友玲儿三年前大学毕业，在一家上市的医药公司里上班，公司把她分配到生产车间让她做一名操作员。刚出校门的她什么都不懂，听从领导的安排，做着简单的工作。

一年后，公司把她调到办公室里管理文化宣传事务。那段时间她拿着微薄的工资却要做很多事情，学习很多知识，比如企业文化，还要开发团队的协作力，更要懂得有效的时间管理，等等。

忙碌的工作需要她懂得很多知识，学会很多技能。两年后，她跳槽到另一家公司，用丰富的知识和熟练的技能在公司立足，并得到领导层的赏识。一年后，她被公司派往国外常驻。国外的生活让她大开眼界，从此她的工作又上了一个台阶。

人生路上任何事的成功都是从无到有，要面对许多的困难险阻，要迈过一道又一道的坎，实现一次又一次的超越。我们只有具备强大的自制力才能获得成功，实现梦想。

看过这样一句话："一个不会游泳的人总是觉得是游泳池的问题；一个不会做事的人总是换着工作；一个不懂经营爱情的人总是换对象。"

趁着年轻努力奋斗，在人生的路上跌倒了，爬起来再走，再跌倒就再爬起来，用年轻的生命谱写一首生命进行曲。不要等人生路走了一大半时才明白过来，已经没有精力和能力去承受太多失败与挫折，跌倒了就不容易爬起来，只能低吟悲伤的咏叹调。

10 年前，一对表姐妹从乡下结伴到城里打工，没有一技之长的她们应聘到一家饭店里做服务员，她们的领班是一位对工作要求非常严谨的女人。

表姐妹没进过大饭店，没有任何经验，很多最基本的常识还要领班临时去教，因此耽误了工作。领班一边教她们一边生气，态度很坏，大声训斥她们：“包厢里面的餐具怎么放的，不是教过你们规范的方法了吗?”“你们上菜的速度太慢了，再快一点。”“你们说的什么普通话，这么糟糕!”

一天，表姐被领班训得很生气，扔了工作服辞职不做了，喊表妹跟她一起离开饭店。表妹愁眉苦脸地对表姐说：“我们还是在这里待着吧，虽然每天挨骂，但还是有份工作，而且每个月都有工资拿。”表姐听着表妹没出息的话，非常气愤，独自离开饭店，而表妹继续留在饭店里。

表妹努力地聆听领班批评的每一个细节，及时改正错误。渐渐地，她被骂的次数越来越少。普通话不标准，她买了个收音机，每天早晨5点钟起床，到附近的公园里练习普通话。半年过去了，表妹的普通话越来越标准，没有一点方言的味道。

在饭店里，表妹做过服务生、传菜员、收银员等，除了大厨，饭店里的每项工作她都做过一遍，而且做得非常出色。她优异的工作成绩和认真工作的态度，得到饭店老板的欣赏和认可。

饭店的生意越来越好，老板在另一个地方开了家分店，让表妹去当店长。表妹想把这个好消息告诉表姐，打电话时意外地发现表姐的手机停机了。

下班后，她找到表姐的住处，看到表姐蜷缩在狭小的地下室里。表妹问她手机怎么停机了，表姐打开了话匣子，不停地抱怨着：“没办法，我已经失业两个月了，只好把手机卖了。我工作那家公司的管理者看不起我们农村人，我做什么都不对，怎么别人做就对了？”

表妹看着眼前抱怨着的表姐，只能保持沉默。据她所知，表姐从饭店辞职后换了6份工作，都没有做长久。表姐像个祥林嫂似的，到哪里都被人欺负和排挤，导致她经常换工作。

表妹看着表姐窘迫的样子，拿出2000元钱放在桌上，好心地劝道：“我们是出来工作的，工作做不好被领导批评很正常的，少发牢骚多做实事才行。”表姐生气地说：“你不就是当上了店长，跟我摆谱，我才不吃你这套！”表妹愣了一下，黯然离去。

3年后，饭店的生意越来越好，成立了餐饮公司，有了5家连锁店，表妹被提拔为公司的副总，另一位副总就是当初那位要求严谨的领班。

人生路只有走出来的精彩，没有等出来的辉煌。当你感觉到痛苦时，恭喜你，你正在走上坡路，坚持走下去，一定会有收获。容易走的是下坡路。

“命运”两个字：“命”是失败者的借口，而“运”是成功者谦虚的言辞。信“命”的人，坐在原地为自己唱着悲伤、低沉的咏叹调；信“运”的人，迈开步伐唱着一首跌宕起伏、激情昂扬的生命进行曲。

瓶颈期的迷茫，蕴藏改变的契机

人生是一个不断遇到问题，解决问题的过程。每一次遇到问题，就是提升能力的契机，激发我们向前发展的勇气。为了解决问题而努力时，人们的思想和心灵会不断成长，心智也会在痛苦的磨砺中逐渐成熟，可以应对前进路上的各种困难。

每个人都是独立存在世间的个体，有不同的生活方式。无论哪种生活方式都会在前进的路上遇到瓶颈，在失败和成功间徘徊。畏惧困难停留在原地还是勇敢前行、迎接成功的挑战，选择权在自己的手上。

没有人可以一直成功，也不会总是失败，关键是在瓶颈期你选择走哪条路。是跌倒了爬起来，坚强地继续向前，还是躺在地上号啕大哭，发泄心中的郁闷？

好友梦雪伴随男朋友去了他的家乡。刚开始，男友温柔地对她说："亲爱的，我会照顾你一生一世，你就不要出去工作，赚钱养家这种粗活儿由我接手，我负责赚钱养家，你负责貌美如花。"

梦雪被男友的甜言蜜语打动，每天过着与世隔绝的生活，在家里看美剧、吃薯片、点外卖、睡大觉，日子一天天过着。很快，梦雪身上的肉发疯般地长起来，脸也胖了一圈。相信爱情的她没有发现男友嫌弃的目光，依然过着舒适的生活。

一天，男友带着一个女人回来，梦雪当场傻了。男友请梦雪搬出去，理由是他有了新的女友。梦雪疯了般冲上去拍打男友，哭喊着、叫骂着。男友推开她，冷酷地请她离开。

梦雪只能拖着行李箱，离开曾经的家。她走在陌生城市的街头，感到非常孤独。她想过回自己家，但是当初为了和男友在一起，跟家里人闹翻了，现在，落魄的她无颜面对家人。

人们嬉笑着从她身边走过，到处是一片繁华的景象，但这一切与她无关，她感受不到一点温暖。站在红绿灯闪烁的十字路口，她不知道路在何方。

离开生活的舒适区时，她进入一种瓶颈状态。她没有工作，只能到处投着求职简历，希望找到一份可以养活自己的工作。可是几年的安逸生活让她与社会脱节，四处碰壁。

她放低要求，终于找到了工作。第一份工作在保姆中心，暂时解决了温饱的问题；第二份工作是酒店前台，解决住宿问题；第三份工作是在一家外教中心，她的英语很好，看美剧都不用看中文字幕。

她把所有时间和精力全部交给事业，从实习讲师助理做到讲师助理再成为讲师，最后成为外教中心的部门经理。她还在继续努力。

工作之余，她注重养生和形体塑造，经常去健身，还参加各种艺术类的课程。她穿衣服的品位越来越高，走在路上像一道靓丽的风景线，吸引人们艳羡的目光。

其间，她的前男友找过他，想和她复合，她没有搭理，可是他却死皮赖脸地敲着门，说着各种让她恶心的情话。最后还是小区的保安来了，请他离开。那天，她看着远离的前男友，怀疑自己曾经的眼光：怎么会为了这种人背井离乡，陷入泥潭里，爱得死去活来。

梦雪感谢前男友的无情，让她进入生命的瓶颈状态，给了她提升生活品质的机会，让她认清楚生活的本来面目。挫折使她振作起来，让她从人生的低谷一点点往上爬。

她给自己制定一个个小目标，用强大的自制力完成这些目标。时间长了，她的生活发生了质的变化，也吸引了职场上精英男士们的目光。

罗曼·罗兰说过："世界上只有一种真正的英雄主义，那就是在认清生活的真相后依然热爱生活。"

人生在世会遇到各种问题，人们本能地逃避问题，远离伤害。但逃避不是解决问题的办法，还会把问题变得更糟糕。只有勇敢面对问题，解决问题，提升能力，才会到达目标。

有一年公司组织年度总结大会，所有的中高层领导都参加。会议上，一位资历很老的中层干部因为管辖的地方出现问题，影响整个公司当年的收益，被老板当众批评，批评得很惨。

会议结束后，高层管理人员分批进入电梯，人们用同情的目光看着那位被批评的中层干部，有人试图安慰一下他。这时，他义正词严地说："我不干了，明天就辞职！"大家相互看了下，场面非常尴尬，准备安慰他的同事只能劝他不要辞职。

其实，说出这句话后他就后悔了，电梯里有人事部的最高层管理者，如果现在接受他语言上的辞职，那他奋斗了十几年的工作就没有了。他遇到了瓶颈：辞职的话说出来，怎么收回呢？这时有同事劝他不要辞职，他乘机改变语气说："算了，我还是再考虑一下。"

人们总有控制不住情绪的时候，关键是遇到问题时，能不能扭转对自己不利的局面。不到两年的时间，这位能屈能伸的中层干部就凭借出色的表现和饱满的工作热情进入公司高管的行列。

做每件事情，也许会成功，也许会失败，给自己一个坚持下去的理由，输了就俯首称臣，再接再厉地爬起来重新开始。遇到事业的瓶颈要倾泻自己所有的精力，孤注一掷，努力奋斗，寻求质的变化，达到自己想要的目标。

本杰明·富兰克林有句名言："唯有痛苦才能给人带来教益。"我们要直面痛苦，在痛苦里找到心中的缺憾、恐惧和渴望，奋发图强。

人生的旅程就是一个面对痛苦并且解决痛苦的过程，但是大部分人不愿意去正视痛苦，在他们眼里，生活应该是舒适又顺利，与痛苦无关的。他们遇到事情会怨天尤人，抱怨自己生而不幸。看到别人的成功，会更加痛苦，整天徘徊在痛苦中无法自拔，束手无策地接受命运的安排。

蛇提升自己能力的方法是"蜕变"。蜕变的时刻也是它最脆弱的时候，最弱小的生物都可以给它致命的一击。这时它会躲起来，等待着痛苦的来临。每当它蜕去一层蛇皮时，会明显地长大一圈，比蜕变前更加具有伤害性。

另外还有个故事是"凤凰涅槃"：

传说中，凤凰是传递幸福的使者。五百年里，它收集人间很多不愉快的事情和仇恨、怨气。

到时间后，凤凰会点燃梧桐枝干，不畏痛苦、义无反顾地投进熊熊的烈火里，用它的生命和美丽换取人们生活的幸福。

凤凰的肉体会在烈火中获得重生，在重生中升华，羽毛更加丰满，啼叫的声音更加清脆。经历了烈火的煎熬和痛苦的考验，它会变得更加强大。

战胜痛苦的过程就是提升的过程。痛苦可以启发我们的智慧，激发我们的勇气，是成功与失败的分水岭。面对问题，聪明的人不会因为害怕遇到困难而逃避，他们会迎难而上，直至战胜困难，得到自己想要的成就。

没有一成不变的生活，守着自己的奶酪总会有坐吃山空的那天。我们要时刻保持警惕，时刻保持危机感，提升能力，学习更多的技能，应付更多的困难和痛苦。

遇到瓶颈时不要害怕，也不要迷茫，瓶颈期的迷茫蕴藏着成功的契机。我们把这种痛苦视为常态，直面痛苦，才能克服困难，找到提升的契机，到达目标。

轻言放弃的人，永远不能拯救自己

人生的旅途不会一帆风顺，在前进的路上，我们会身陷迷茫的困境里，大多数人丧失自信，抛弃梦想，选择放弃，为惨淡的生活留下悲痛的一页。宋朝文学家王珪写道："岁月峥嵘，而屡更精力勤劳。"在不平凡的岁月里，更要保持勤劳的精神和旺盛的体力，不能轻言放弃。

放弃是一种念头，不放弃是一种信念。生活中遇到困难时，我们的脑海里会不由自主地浮现放弃的念头，放弃挣扎，变成普通的没有棱角的人。有些人却坚定地选择坚持，用强大的自制力战胜通往成功路上的一切困难，忍受别人不能忍的痛，吃别人不能吃的苦，最终获得别人得不到的成功。

人生无论处于何种境遇，都需要坚持，只有坚持才能够看到希望，如果放弃了则一点希望也没有。

有个人在生活中走进困境，挣扎不出来，感觉活着非常痛苦，对于未来一片迷茫，想去跳河自杀。

他来到河边，准备往河里走时，一条蹦到岸边的小鱼吸引了他的注意力。只见小鱼在那里拼命挣扎，想要跳回河里。这人看到挣扎的小鱼，仿佛看到自己一样，一人一鱼的命运奇迹般地相似。

这人想："我不如等这条鱼死了以后再去跳河吧，也有个伴。"想到这里，他蹲下来看着这条挣扎的鱼。只见这条鱼使出全身力气蹦个不停，不过它的目标很明确，一点点朝着河水的方向跳跃。

终于，小鱼好像累了，不再蹦起来，躺在那里用力喘息着。他继续等待着，等着小鱼停下呼吸，他认为这条鱼已经死了。

突然，小鱼又蹦起来，一下蹦到岸边，再蹦一下竟然蹦到河里，很快消失在河里不见踪影。这人看着眼前的一幕惊呆了，仿佛心底的某个地方突然清醒过来，他突然明白一件事，面临垂死的边缘，只要不放弃，再坚持一下，就有生还的希望，任何事都是如此。

人生就是如此，面临绝境的时候，以为自己坚持不下来，却不知道只要再坚持一下，就可以迎来希望。不到最后关头不轻言放弃，成功往往出现在坚持的最后时刻。

著名作家李西闽先生，擅长写恐怖小说，人们称“恐怖大王”，可是他人生最恐怖的事是亲历汶川大地震，被深埋废墟中76个小时，与数十万灾民一起在绝望中穿越死亡隧道，面临生死煎熬。

作为幸存者，被救出的李西闽在病床上用残留着伤痕的手，一个字一个字敲下一部“生命笔记”，一本纪实体裁的书——《幸存者》。

在《幸存者》这本书里，李西闽真实地记录他的恐惧和痛苦，无奈和坚持。废墟透进来微弱的亮光带给他微许希望，几次有人靠近他，又无奈消失，他被疼痛、饥饿、干渴折磨得几乎放弃。

他说：“我左侧太阳穴被铁质的东西顶住，锋面插进我左脸的皮肉，左侧腰部感觉有一片锋利的东西插进去，一条钢筋勒进皮肉。”他的血肉之躯就这样被串了起来，限制了他所有的行动。

在濒死的状态中，他明白功名利禄都不值得一提，让他坚持下来的是爱，来自亲朋好友对他的关爱。刚满周岁的女儿、妻子的眼泪是他最无法割舍的情怀，还有父母的呼唤、朋友们的不舍，让他最终战胜了恐惧和软弱，坚持下来，被部队官兵救起。

他在书中写道：“你是一个幸运的生命，你还活着，还可以吃饭，还可以喝水，还可以看到高远的天空和人间景象，还可以向别人伸出手和别人相握，感觉到人体的温暖和无声的爱。”

《幸存者》上市后卖得很不错，李西闽把得到的版税全部捐出去，捐给那些需要帮助的人，并且资助灾区的10个孩子。他觉得自己的生命是别人冒着生命危险换来的，所以这本书并不属于他，钱也不属于他，他拿出来帮助别人，是一种感恩，也是一种回报的方式。

生命中，难免有被挫折、苦难击倒的时候，被击倒时能够不放弃，勇敢地活下去，看到世界的美好，才有能力去帮助别人，活出生命的本色。

不放弃的人看到的是希望，放弃的人看到的是绝望；不放弃的人用乐观安适的心态对待任何事，放弃的人终日生活在困苦与悲观中；不放弃的人享受成功带给他们的喜悦，并且散发出去，让周围的人都与他们一起享受成功的果实，放弃的人只能躲在阴暗的角落里舔着失败的伤口。

娜娜大学毕业后来到南方的一座城市里找工作，一番努力后，她和另外两个女孩被一家外企公司招收为试用工。试用期一个月，试用期合格才能正式聘用，而留下的名额只有一个。这一个月里面，三位女孩都非常努力，认真完成部门领导交给她们的任务。

离月底还有一天，公司领导按照她们平常的各种表现开始打分。分数下来后，娜娜的工作成绩虽然也优秀，但是比另两个女孩差了几分。

公司人事部经理通知娜娜说：“明天是你最后一天上班了，后天去财务部结账。”

最后一天早晨，娜娜像往常一样提前到公司，做着跟平常一样的事情。相处了一个月，同事们都很喜欢这个靓丽又亲切的女孩，都劝她：“反正明天公司会发给你一个月的试用期工资，今天你就不用来上班了，还可以多投几份简历，寻找下一份工作。”

娜娜感谢同事，笑着说：“我昨天还有些工作没有收尾，等我做完这些工作再走不迟。”很快到了下午4点，离下班时间还有一个小时，娜娜把所有资料移交给别的同事，完成了手中的工作。

这时，旁边的同事又劝她可以离开。她只是笑了笑，不慌不忙地把工作的桌椅擦拭干净，台面上整理清爽，方便下一位同事使用。

当下班的铃声响起时，她和同事们一起离开工作岗位，虽然明天就要重新找工作，但站好最后一班岗让她感觉很充实。

第二天上午，娜娜到公司的财务处结账，拿到实习工资准备离开时，遇到了站在门口的人事部经理。经理笑着对她说：“你不用走了，从今天起，你正式被本公司聘用，你可以去质量检验科报到。”

娜娜吃惊地看着经理，经理说：“昨天下午我就在观察你了，你对工作坚持的理念很适合我们公司质量检验科的工作，正好那里缺一位质检员，我相信你在那里一定会做得很好。”

我们无法回避现实中的挫折，很多人选择放弃，平庸、混沌地活着。勇敢面对，在挫折中坚持到底，不放弃，直至击败挫折，这是对自身的一种考验，更是到达成功之前的一种磨砺，胜利永远属于不放弃的人们。

小草永不放弃，才从星星点点汇成大地的绿意盎然；鹰永不放弃，从出生到翱翔在天空，经历过数不清的摔打和搏击。不放弃，是对梦想的执着，对成功的渴望，对生命的挚爱，对人生的不懈追求。

尘世里，哪里的天空都会下雨，没有人永远处在巅峰，任何困难和痛苦都是生命的必然。我们应该乐观地对待世事，顽强地承受失败，做到不放弃，将来的你会感谢现在勇敢坚持的自己。

没有你同意，任何人不能让你感到自卑

人类是群居生物，每个人都不可能孤立地活在世上，会受到周围环境的影响。人们周围的世界错综复杂，要面对的人和事是多方面、多角度、多层次的。

每个人对事情的看法都不同，不可能完全一致。想得到别人的认可，就要做到面面俱到。但面面俱到是不可能的，不管怎么做，总会留下缺憾，总会有人不满意。如果太在乎得到别人的肯定，就会给自己背上沉重的包袱，顾虑重重，越来越痛苦，越活越卑微。

现实生活中，经常会有人为了别人一句无意的玩笑而闷闷不乐，甚至开始怀疑自己、否定自己，让自己痛苦不堪。埃莉诺·罗斯福说过：“未经你同意，任何人都不能让你感到自卑。”

酷爱唱歌的小薇经常在附近的小公园里练习唱歌。她唱歌时，整个人的身心全部投入到歌曲中，沉浸在快乐里，脸上绽放着快乐

的笑容。可是她的快乐让很多路过的人心里不舒服，经常有人出言指责她。

一天，小薇楼下的邻居路过小公园，看小薇在唱歌，不禁打断了她，冷笑着说：“你就算是唱破嗓子，也不会有人听你唱歌，更不会有人为你喝彩，因为你的声音实在太难听了。”

小薇听了以后没有生气，也没有难过，笑着回答：“你这番话有很多人对我说过很多次了，但是我不在乎。我在这个小公园里唱歌，没有影响别人休息，而且我唱给自己听，唱歌的时候我感觉到很快乐，就可以了。你们认可或不认可我的歌声，都不会动摇我继续唱下去的决心，我又不是活在你们的认可里。”

快乐是一种很个人化、很主观的情绪，我们觉得快乐的事情，别人不一定有相同的感觉。当我们沉迷在快乐里，做着喜欢的事时，却经常会被别人打击。

我们不需要活在别人的认可里，自己感觉快乐就好，活得“自恋”点，哪怕别人把我们当成“神经病”，也要做一个快乐的人，活出自我价值，珍惜快乐。

歌德说：“每个人都应该坚持走自己开辟的道路，不被流言吓倒，不被他人的观点牵制。”

我们时常生活在别人的评价中，快乐也被别人的评价掌控着，其实大多数人只是抱着看戏的态度，窥探着别人的生活。经常听见别人说：“小张混得怎么样？记得以前很能干的样子。”如果得到的回答是“混得很不错，在城市里如鱼得水”，听到的人就会妒忌；如果得到的回答是“混得不怎么样，好像赔了很多钱”，听到的人会暗暗欢喜。

我们可以听取别人对自己的评价，但不能太在乎，更不需要一味地迎合别人，做些让自己不快乐的事情，把自己弄得很辛苦。我们应该向别人清楚地表达看法，让自己活得轻松一些。

我有个朋友，刚生完孩子，双方父母的年纪大了，身体也不好，她征得老公同意后，辞职在家里带孩子。这一举动却遭到双方父母的强烈反对，他们认为请个保姆就可以解决问题，根本不需要辞掉工作。朋友觉得生活是自己的，自己带孩子对孩子各方面发展都好。她坚决地辞去工作后，与父母的关系闹得很僵。

她带着可爱的宝宝在小区里玩耍时，听到别人夸赞："还是当妈的会带孩子，看这个孩子带得多好啊！"这时，父母站在旁边脸色阴沉，很不开心，好像她做了一件丢人的事，让家人很没面子。

父母们经常贬低她，嘲笑她的努力，让她非常伤心。

她向我诉说心中的痛苦："我每天辛苦地带孩子，为什么连我最亲的人都不理解我，难道我真的错了吗？"

我听了很难过。她这么能干又独立，一切为父母着想，过得这么辛苦，却得不到他们支持。她的父母看笑话似的看着她忙碌，时不时说两句让她难过的话。而朋友还得尊敬长辈，和颜悦色地跟他们说话。这样的生活让她的情绪差点崩溃。

后来，朋友想通了，告诉我："我必须振作起来，对自己好一点，痛苦和快乐只有自己知道，与别人无关。"

每个人遇到事都会有自己的立场和主见，选择的决定权握在自己的手中，也许有时候会做出错误的选择，但是人生不可能永远一帆风顺。

如果人生是一艘船，那自己就是这艘船的掌舵人。船在行驶的过程中会有些颠簸，我们应坚持航向，在前进的过程中找到快乐，在快乐里到达港湾。如果在乎别人的看法，想得到别人的认可，就会被别人操纵，船就迷失了方向。你会越来越迷茫，越来越没有自我，离港湾越来越远，心里充满着痛苦和彷徨。

有这样一个故事：

古代，有一位非常出名的画家，有一天，他突然想画一幅人人都喜欢的画。于是，他画了一幅画，拿到人来人往的集市里展出。他在画的旁边放了一支笔，用纸写了一张说明："每一位观赏的人，如果您觉得这幅画有需要修改的地方，请用笔在相应的地方做个记号，谢谢。"

结果让画家大吃一惊，他发现整个画面都被涂上了记号，也就是说，这幅画没有一个地方让人满意。他开始对自己的画技表示怀疑，心里想：凭我的实力不可能得到这么多批评吧。

冥思苦想之后，画家决定换一种方法再试下。他画了同样的一幅画，还是摆在集市相同的地方，放了一支笔和一个说明，不过这一次说明上写的是："每一位观赏者，如果您觉得这幅画哪里画得好，请用笔在相应的地方做个记号，谢谢。"

结果再一次让画家吃惊，跟上次一样，整张画都被涂上记号，不过这次是赞美的记号。

画家感慨地说："我终于明白一个道理，在任何时候都要坚持做自己，不要太在意别人的看法。别人的看法只是别人的看法，谁都无法让所有人满意，决定权掌握在自己的手上。”

人生只有一次，不会重来，要为自己而活，不要太在意别人的意见和看法。我们要把时间和精力放在学习和工作上，努力做自己想做的事，就算是失败也会有成就感。成就感是我们前进的动力，让我们活得充实。

我们可以借鉴别人的意见来完善事情，但不能被别人左右自己的想法，成为别人的傀儡。坚定地做自己的事情，增加自信心，为目标而努力，才能够得到你想要的成功，享受一种充满阳光和快乐的生活。

活在残酷的现实里，不被世俗所左右

一个人的命运像海上的波涛般起起落落，有高潮也会有低谷。在低谷的时候要鼓起勇气，调节心情，勇敢面对，坚强地走出逆境，打造全新的自己。陷入迷茫的境地时，要明白，别人给予的不一定是自己需要的，想走出迷茫，得到自己想要的生活只有靠自己。

无论处在人生的哪个阶段，人们都会遇到困境，要学会经营人生，展现自己美好的一面。现实生活里，总有一些人喜欢评价别人的好坏得失，对别人的生活指指点点，否认别人的努力，嘲笑别人的梦想。你认真工作，他们会笑你死板不懂得变通；你善待别人，他们会说你缺心眼；你坚持目标，他们会说你不自量力；甚至你去听一场音乐剧，也被他们评价为附庸风雅。

小童星金铭曾经红遍大江南北，无人不知。当年有很多孕期的母亲，都在家里贴着小金铭的照片，希望生出来的宝宝能够像她一样拥有一张粉雕玉琢的小脸蛋。她是人们心中的“国民闺女”。

演艺事业蒸蒸日上的小金铭一直没有放弃学业，每次拍完戏就跟剧组的老师认真学习。如果因为拍戏的原因无法回校参加考试，她会请老师把试卷带到剧组。

高考时，金铭出人意料地放弃艺术类院校，报考了北京大学国际关系专业。大学毕业后，人们以为她会向外交官那个方向发展时，她却出人意料地回到演艺圈。

从演戏到读书再到演戏，金铭坚持走自己的路，也饱受人们的争议。金铭不喜欢循规蹈矩的生活，也不喜欢一条路走到底，她喜欢挑战自己，迎接不一样的生活。当人们争论着“外交官”与“戏子”之间的高低贵贱时，金铭不受外界影响，勇敢地做自己。

人们指责金铭在演艺和读书之间来回瞎折腾，最后哪一边都没捞着，把一手好牌打成差牌，成为“失败者”。金铭回答：“人们还停留在我以前的童星角色，对于我来说，红不红无所谓。‘花无百日红，人无千日好’，每一位想成功的人都会经历这样的过程。”

金铭的生活并不像外界臆想得那样凄惨，她不需要别人的同情，更不在乎别人的评价，只想随心所欲地过着自己想要的生活。

那些人太喜欢小金铭演的角色，先入为主，用他们的标准去衡量她的生活，再用他们的经验丈量她的情感，这种做法是完全不对的。每个人都有自己的生活方式，有着自己的生活要求，会有低潮和高潮的时期。我们处在人生低潮时应该不气馁，否则会感觉特别郁闷和茫然，不知道如何办才好；在高潮时不自傲，否则骄兵必败。

很多时候，我们会遇上一些出于各种原因对我们指指点点的人。这些人站在旁观者的角度对我们的生活评头论足，干扰着我们的正常思维和判断，用他们觉得合适的方式干涉我们的生活。对于这类人，最有效的方法是视而不见、听而不闻。对方觉得无趣后会自动停止。不过，这需要我们有很强的自制力，不断磨炼自己的心智。

心理学家认为，这类人懂的不少却能力有限，不愿意付出辛苦走向目标，就用对别人任意评价的方式，找到他们的存在感和满足感。

我们能做的就是强大自己，做好自己的事，不被世俗的眼光左右自己的行为。

临近大学毕业，一位学妹奔波在各个招聘场所。一天，她苦恼地发消息对我说："为什么我的室友总是对我的事那么关心，好像我做什么事她都有话要说？"

我问："怎么回事？"

学妹说："几天前我应聘一家外企公司，公司对我的条件挺满意，约定时间去面试。为了这次面试，我买了一套职业装，还特意向朋友借了一条丝巾。"

我笑着说："恭喜啊，那不挺好的吗？"

学妹告诉我，当她精心打扮后准备出门时，她的那位室友说：

“何必穿得这么正式呢？有能力穿运动装都会被录用，没能力穿国际名牌也没用。”学妹气得不轻，觉得室友这话说得没有道理，而且那种嘲讽和不屑的口气让她心里很难受。

学妹没有搭理室友，劝告自己不要想室友说的话。但是面试时，她的心情还是受了些影响，面试不是很顺利，所以才委屈地向我诉说。

我理解学妹的心情。社会上有很多这样的人，没必要把他们的话放在心上，就像扫垃圾一样，把他们清理出自己的世界，坚强地做自己想做的、能做的、可以做的事。

这些对你的人生随意评价的人并不对你的人生负责，你的人生能不能成功跟他们没有半点关系，他们也不会关心你过得快乐不快乐。他们只是想表达一下他们的情绪，顺便让自己开心一下，在对你的评价里找到他们的存在感。

一个具有良好修养的人懂得尊重别人，不会随意对别人的行为进行评价。他们不需要通过贬低别人或卖弄来彰显自己的高贵，能够换位思考去尊重别人的努力。

一天，慈善家贝林坐在办公室里，突然发现钱包不见了。他的助手着急地说：“肯定是刚才去贫民区时弄丢的，这下怎么办？”助手的言下之意是，那里是一个贫穷的地方，丢失的钱包肯定找不回来了。

贝林无奈地说：“钱包里有我的名片，上面有办公室的电话号码，只有等捡钱包的人联系我们了。”助手摇了摇头。

两个小时过去了，电话一直没有响。助手失望地说：“还是算了吧，不要等了，我们不应该对贫民区的人抱有希望。”贝林平静地说：“再等等看吧。”助手不解地说：“还等什么呢？捡到钱包的人如果想归还，早就打电话过来了。”贝林没有回答。

天快黑的时候，电话突然响起，助手接起电话，对方问：“你是不是丢了一个钱包？”助手回答道：“是的。”对方问：“钱包是谁的，里面有什么？”贝林接过电话回答了对方的问题。对方打消了疑虑告知一个地点，让他去拿钱包。

助手小声嘀咕道：“这会不会是一个圈套呢？”贝林没有搭理他，马上开车前往。

到了地方后，他们看到一个衣衫褴褛的小男孩向他们走来，停在他们跟前问：“你们是丢钱包的人吗？”贝林点头。男孩又问：“你叫什么名字？”贝林报上名字，男孩舒了一口气，从破烂的口袋里掏出贝林的钱包递过去。

贝林接过钱包，打开看时，里面的钱物一样没少，他感激地看着小男孩。小男孩说：“我有一个请求，你能给我点钱吗？”这时，贝林的助手大笑起来，说：“我就知道他会有要求，要不然怎么可能把钱包完璧归赵呢？”

贝林打断助手的话，微笑着问男孩：“你想要多少钱呢？”男孩不好意思地说：“只要一元钱就够了，我走了很久才找到一个有公用电话的地方，你应该支付我一元的电话费。”

看着男孩清澈的眼神，助手羞愧地低下头，贝林激动地拥抱男孩。

后来，慈善家贝林投资了几所学校，专门招收贫民区里没钱上学的孩子。开学典礼上，贝林说："不要随意去揣测别人做什么、想什么，不要评价别人的人格，我们需要腾出时间和空间去理解和包容别人。尊重别人，也是对自己的一种尊重。"

人们无法选择出身，却可以选择人生，幸福不幸福、快乐不快乐都是自己的事，不需要别人评价。作为旁观者，我们只能看着，因为我们无法真正理解别人的生活，也无法体会别人的喜怒哀乐。

我们需要有强大的心理素质，来抵抗别人"好意"的评价。果断坚毅，努力向着目标前进，时间久了，你自然比那些曾经"指点"你的人更强。你的生活，不需要别人来干涉，更不需要别人来评价。

告别迷茫，活出精彩的自己

在灿烂的朝阳喷薄而出之前，总会有片刻的时间特别黑暗。那段时间最难熬、最困难，很容易让人们陷入迷茫。这个时候我们要坚定心中的想法，相信太阳终会露出笑颜。只有告别迷茫，勇敢走下去，才可以看到温暖的太阳，照耀着我们精彩的人生。

你终将成为让自己仰慕的人

看着别人的生活，总感觉别人做事比自己做得好，家庭条件比自己好，那些好的事物好像都是别人家的。其实我们看到的只是别人生活的表面，无法看到隐藏在事情背后的真相。当我们仰慕别人时，可能我们也是别人仰慕的对象。

每个人都有烦恼，都会遇到不顺心的事。有的人不在人前谈论，他们只把快乐的事情、好的事情散播出来；也有种人习惯把委屈说出来，觉得自己不如别人过得好。其实别人不一定过得好，只是他们把倾诉的时间用在努力工作上，想办法改善生活，用实际行动改变不如意的事情。

朋友宏宇在省城电视台上班，人们羡慕的目光总是围绕着他。可是，他觉得安逸的生活很无聊，每天重复着差不多的任务，做着差不多的事情，过着差不多的生活，周而复始。他觉得自己陷入一片迷茫中，想挣扎出来，过自己想要的生活。

后来，宏宇离开了电视台，在周围人的嘲笑声中开始艰难的创业之路。家人不理解他的选择，母亲整天唉声叹气，父亲知道他辞职的消息后，整整一个月没有搭理他。由于周围人的指指点点，家人觉得这个儿子给他们丢尽了颜面。

宏宇永远记得离开电视台的那天，城市的上空飘着小雨，带来一阵伤感，穿过迷蒙的小雨他看不到未来的方向，只能继续向前。

远在家乡的父母是他今生最大的牵挂，电视台的工作会束缚着他，很少有时间回去陪父母。他羡慕那些经常陪伴父母的人，而他没有这样的自由，只能待在省城里想念他们，这也是他果断离职的原因之一。

他离开电视台，回到父母身边，在小镇上开了家超市。他把年迈的父母带在身边，就近照顾。父母逐渐转变观念，支持他的决定。无论工作有多苦，有多难，看着父母的微笑，他就觉得生活很美好，这大大增加了他的动力。超市越开越大，钱越挣越多，生活也越来越好。

五年过去了，他有一次回到电视台办事情，看到昔日的同事在那里做着同样的工作，想想现在的自己多幸运，活得多姿多彩，把生活过成了自己想的那样。

羡慕别人的人，如果只停留在羡慕上，那永远只有羡慕别人的份儿了，要学会欣赏自己，改变自己，感恩自己，才可以获得成功。世界上欣赏别人的人很多，欣赏自己的人却很少，做大多数人不会做的事，就已经赢过大多数人，会成为别人仰慕的对象。

欣赏自己的人，才会懂得珍惜自己拥有的一切，利用好自己的优点和长处，找到适合自己的生活方式，让生活过得更好。

电视剧《欢乐颂》里的女主角之一樊胜美，大学毕业后，在一家公司里从事人力资源管理，做了很多年差不多的事。对于她来说，这份工作不难，有着稳定的高薪，却没有上升空间。

樊胜美不喜欢枯燥无味的工作，但是她需要负担整个家庭的开销，包括四肢健全却不工作的弟弟一家。为了家人，她放弃自己的想法，把自己熬到30岁，成了名副其实的“剩女”。

樊胜美羡慕“富二代”曲筱绡的生活，出门是车来车往，钱多得跟流水一样花不完。樊胜美追求高品质的生活，却没有钱，只能购买高仿品来满足虚荣心，被曲筱绡嘲笑。

她要改变生活方式，过自己想要的生活，追求梦想，不再纵容父母对哥哥的宠爱。

改变的第一步就是换一份喜欢的工作，樊胜美应聘财务顾问。主考官说：“要想应聘这个职位，必须对高品质的生活有热烈的追求，否则无法做那些有钱客户的顾问。”她马上回答：“我有追求，我对高档的品牌如数家珍，迫切地想拥有它们；我想给父母买上大房子，希望家里人都生活在幸福中。”

樊胜美觉得这个工作就是为她量身定做的，她喜欢接受挑战。她离开舒适区，努力追求自己想要的生活，提高生活品质。一个新职位，让她的命运发生巨大变化。

在她举步艰难的时候，生活为她打开了另一扇窗。

大多数成功者不狂傲也不骄纵，他们懂得事在人为，知道自己对周围人的影响力。他们不会高估自己，也不贬斥自己。该平和时就平静，该放松时就随意，对任何人不卑不亢，努力过着自己的生活，成为别人仰慕的对象。

世上没有十全十美的人，让我们仰慕的人也有着他们的不如意，所谓家家有本难念的经。他们习惯性地把风光的一面展示出来，没有人知道他们风光背后的辛苦。

任何事都会有两面，就像硬币，也有正面和反面。有一则寓言故事：

猪说："如果让我再活一次，我要做一头牛，虽然工作累一点，但是名声好听，人们喜欢。"牛说："如果让我再活一次，我要做一头猪，吃过了睡，睡醒了吃，活得赛神仙。"

鹰说："如果让我再活一次，我要做一只鸡，有房子住，风吹不到，雨淋不到，有吃有喝。"鸡说："如果让我再活一次，我要做一只鹰，展翅翱翔在高空。"

当我们不由自主地仰慕别人时，往往忽视自己也会成为别人仰慕的对象。有些人确实值得人们仰慕，不是因为他们得到的多，而是他们付出的更多，懂得经营自己。

世界花样滑冰领域有位小将羽生结弦，小小年纪取得很多荣誉。一次比赛时，解说员用深情的旁白把这位小将送上网络的热搜平台，说他"容颜如玉，身姿如松，翩若惊鸿，婉若游龙"。

有人说他的天赋好，那是他们没有看到他在训练场上流下的汗水。羽生结弦有哮喘病，训练的时间有限，因此他坚持在有限的时间里把训练最大化。他每天在冰上旋转的次数是别的花滑运动员的两倍，人们戏称他是"自杀式训练"。

他的生活很单调，每天都是两点一线式的生活。他在训练之余把全部精力投入学习中，是名副其实的学霸。为了提高体力和耐力，他做过气管扩张手术，平常锻炼戴着口罩，想办法提高心肺功能。

被称为“冰王子”的普鲁申科，是羽生结弦仰慕的对象。从小他就留着跟普鲁申科一样的发型，仔细观看普鲁申科的比赛录像，期望有一天能够打破偶像的纪录。

普鲁申科从来不迷恋胜利，他的观念是把事情做到极致，自然会收获想要的结果。他曾经夸羽生结弦：“真正强大的选手不只是赢得一场比赛，而是能够做到连胜，令人赞叹的是羽生结弦做到了这一点。”

昔日的“冰王子”还说：“也许曾经我是他仰慕的对象，但是现在，羽生结弦成为我仰慕的对象了，他是个天才。”

被自己仰慕的对象仰慕，这是一个值得骄傲和自豪的事情。虽然说羽生结弦已经是花滑领域的王者，但他却没把自己当成神，继续保持低调和谦逊。他的美好在冰场之外继续延伸，得到更多人的仰慕。

没有人会关注失败者，也不会有人在你失败的时候给你想要的抚慰。只有在你强大的时候，全身散发出不一样的光芒时，人们才会聚集在你的周围，用仰慕的目光看着你。我们要尽自己最大的能力，脚踏实地地走下去，用强大的自制力把自己变成别人仰慕的人。

仰慕别人的根本原因是我们期待完美，希望过得更好，可是我们没想到的是每个人的处境不同，你认为的好，也许别人觉得不好。我们可以通过学习别人的长处修正自己的短处。

仰慕别人，不如让别人仰慕你。你的生活是什么样子，取决于你的生活态度。从现在开始，停止仰慕别人，努力工作，认真对待生活，勇敢面对生活中的困难，你终将成为别人仰慕的对象。

诗与远方，指引你的人生航向

我们心中的远方，有一座神圣的城堡，美丽的鲜花点缀在绿色的草坪上，充满喜悦和快乐。那里仿佛有块温暖的地方，可以填满心灵的空虚，让疲惫的身躯得到放松，让人感觉到人生的美好。

在通往城堡的路上长满鲜花也遍布荆棘。在残酷的现实面前，人们会迷失方向，失去追逐的勇气。当人们陷入迷茫时，只要还有一颗充满诗意的心灵，来场说走就走的旅行，离开熟悉的环境，就会走出迷茫，找到人生的航向，继续走下去。

诗与远方里的“诗”指与世俗不一样的追求或者个人的高尚品格，“远方”指每个人内心中的远大理想。一个人活得惬意又舒适，幸福又快乐时，不会寻找诗和远方。大多数走出家门、向往远方的人，都陷在迷茫中，想改变现状或者命运，想突破迷茫，保持一颗充满诗意的心灵，去寻找诗和远方。

一次招聘会上，张红福的小公司招到两位名牌大学毕业的高才生，他高兴得像捡了宝似的向我炫耀。他给他们的工资比大公司还要高。

可是这两位高才生没有感觉到公司给他们的特殊待遇，上班经常迟到或早退。如果哪天他们按时上班，张红福恨不得当场发红包奖励他们。

两位高才生对于书本上的知识是滚瓜烂熟，对现实操作却一窍不通。张红福手把手教他们实战技能和业务知识，教一遍不会，两遍还是不会，连续很多遍还是不会。

张红福有点恼了，这些出身名牌大学的高才生，不可能学不会简单的操作。想着他们是高才生，他一忍再忍。

半年后，两位高才生拿到当月工资就没来上班，张红福打电话询问情况，对方说："你的公司太小，我们在你那里学不到东西，无法实现我们的梦想，我们准备去大公司应聘，去找我们的理想。"

苦闷的张红福跟我说起这件事，想知道他们能不能实现理想。我安慰他："这两个人好高骛远，就算是被大公司录用也不会有好的发展，这跟他们做事的态度有关。他们连最基本的职场素养都没有，根本没有能力追求所谓的理想。"

理想只会青睐那些有强大的意志力、自制力、承受力和自信心的人们。人们向往远方安逸的生活，能够付诸行动的人却寥寥无几。人生是一条充满着艰难和险阻的路，这条路上荆棘丛生。

香港影视圈里把跑龙套的临时演员称作"咖喱啡"。他们没有名字，没有台词，也不需要太多的表情，但是每一位"咖喱啡"都会有一个主角梦。

影星刘青云曾经做过六年"咖喱啡"，他曾经在一部剧中扮演几个角色，一会儿扮演家丁，一会儿扮演伙计，不停地换着戏服。那六年，他没有时间谈恋爱，也没有时间回家睡觉，他把时间都花在了剧组。

很多同班的“咖喱啡”选择退出，而刘青云靠着韧性和努力坚持下来，熬到有人找他做主角时，他终于有了展示的机会，一步步走向辉煌的明星之路。

刘青云接受采访时说：“没有人生下来就是大明星，即使扮演最普通的角色，就算是‘咖喱啡’，我也会用心把角色演得出色，做好自己，机会自然会降临，理想就不会远了。”

走到生活岔路口时，人们会陷入迷茫，不知道路在何方。这个时候要坚持理想，再苦再累都要继续走下去，努力把生活过得更好。理想不是瞬间就能抵达，静下心来做好手边的事，积累经验和教训，诗和远方自然会来到。

好友陈姑娘从西藏回来三个月了，还没有找到满意的工作。她每天顶着烈日出门，又带着失落回到居民楼里的小出租屋。

这个季节不是找工作的时候。她投出很多简历，收到的面试机会却寥寥无几。偶尔有家合适的公司，开出的工资比两年前陈姑娘离职时低很多。

陈姑娘后悔当年的辞职，那些与她一起进入公司的同事，有的熬成了总监，有的跳槽去了大公司，而她，还停留在被别人挑选的境地。

以前，陈姑娘在一家创业公司里工作，当时的职位是运营主管，还兼着行政、前台等工作。公司创业初期，一个人当几个人来用，辛苦的工作让陈姑娘陷入迷茫，开始怀疑人生。她被网络上那些鸡汤忽悠后，决定去远方寻找自己的诗篇。

她果断辞职，去各个旅游城市的青年旅馆当义工，打扫卫生，接待客人，用打工的方式换取食宿。

刚开始，陈姑娘接触到形形色色的人们，还有旅游景点那些独特的风景，体验着不一样的生活，感觉很开心。时间一长，一种空虚、迷茫的感觉涌上她的心头。看过的风景没有新鲜感，打扫卫生比在创业公司还要辛苦。她决定再次出发，这一次她的目的地是旅游胜地——西藏。

到了西藏，她找了家青年旅行社，做了一年的工，有了微薄的工资。看着西藏的蓝天绿草，还有灿烂的阳光，陈姑娘感觉找到了自己的诗篇。

好景不长，陈姑娘再次陷入迷茫，她觉得做服务员没有前途可言，一年的存款只够买张机票。面临经济状况崩塌的窘境，她的食宿都成了问题，再没有心思去想诗和远方。

陈姑娘开始想念当初那份工作，毕竟有可观的工资。仿佛一切又回到原点，她回到城市里重新开始找工作。

有句话说得好，天上一天，地上一年。她两年前的工作经验已经与现在的社会脱轨，不再适用于现在的经济发展状况，所以没有公司看中她。

走出去，放飞心情，寻找自己的快乐诗篇，要有强大的经济做基础，而经济基础源于工作。平常努力工作就是为了在迷茫的时候，有能力支撑起诗和远方。

人在迷茫时，需要有破釜沉舟的勇气去争取，去改变。外部力量的刺激，可以打破束缚着自己的绳索，发现一个不一样的世界。

有一个小故事：

人们坐在驶往对岸的小船上，有一条凶猛的鳄鱼则像个木桩般漂浮在小船的旁边。这时，船上一位富翁说："你们谁敢跳下去游到对面，我就把自己最漂亮的女儿嫁给他。"话音未落，一个小伙子就跳进了河里。

人们看着在水里快速游动的小伙子，被他的动作震惊了。过了一会儿，那条鳄鱼好像感觉到水里的波动，向小伙子游过去。人们惊呆了，不过很快，小伙子就游到了对面的岸上。

过了一会儿，小船也靠岸了，人们好奇地走到小伙子身边，七嘴八舌地说着钦佩的话语。有人问："小伙子，是什么力量驱使你勇敢地跳下去？你为了娶富翁的女儿，连性命都不要了？"

坐在岸边的小伙子终于缓过神来，满脸的惊恐和后悔，哭丧着脸大声叫起来："是谁把我踹下河的?!"

一个不可抗拒的外力给了小伙子不容退缩的力量，让他发挥出潜能，取得意想不到的成功，得到梦想中的幸福。行动起来，把每一次迷茫当成一次突破自己的机会吧，努力走向诗和远方。

不选择逃避，每一步都决定最后的结局

米兰·昆德拉说过："永远不要认为我们可以逃避，我们的每一步都决定着最后的结局，我们的脚正在走向我们自己选定的终点。三年前的选择，决定了你今天的生活。"

人的一生只有三天：昨天、今天、明天。活在昨天里的人充满

迷茫；活在明天的人一直在等待；只有活在今天的人感觉最踏实。昨天的事情已经过去，明天还没有到来，我们要做的就是积累昨天的经验，脚踏实地地过好今天，想办法实现明天的梦想。

有一个小故事：

有三个犯人被判入狱三年，当他们准备服刑时，法官说："你们每个人可以提出一个要求，我来满足你们，当然不可能提前放你们出去。"

第一个犯人是英国人，他说："我喜欢抽上好的雪茄，请法官先生给我三箱雪茄吧，让它们陪着我度过漫长的三年。"法官点头答应。

第二个犯人是法国人，他说："我天性浪漫，希望身边有一位美丽的女子陪我度过枯燥的三年。"他的要求得到满足。

第三个犯人是犹太人，他说："我不能和外界中断联系，哪怕是一个小时，更别说三年了。我请求法官给我一部电话，让我能随时与外界保持联系。"他的要求也得到许可。

时光飞逝，三年的牢狱生活很快过去了。三个犯人重获自由的这一天，法官站在门口等他们。

第一个冲出来的是英国人，他抱着三箱原封不动的雪茄，见到人就急切地问："你有火吗？"原来，当时他要了雪茄却没要火。

第二个出来的是位身怀六甲的孕妇，法国人跟在她身后，怀中还抱着一个小婴儿，他现在最急迫的事情就是找个地方安顿下这一大家子。

第三个出来的是犹太人，他一边走一边打着电话，监狱门口停着一辆豪华型的劳斯莱斯，司机站在车旁等着他。犹太人走到法官面前，鞠了一躬，感激地说："法官先生，谢谢您给了我一部电话，让我在三年里一直与外界保持着联系，我的生意蒸蒸日上。为了表达对您的感谢，这辆劳斯莱斯送给您。"

法官拒绝了他的馈赠，微笑着对他说："你能有今天的生活是你三年前的选择，你决定了你现在的生活。"

现实中，人与人之间智商的差距很小，智力超常或者智力低下的占极少数。决定你成功与否的也不是学历上的差别，学历与成功没有直接的联系。很多老板的学历还没有公司里职员的学历高。

对于有些人来说，生活是提高品质；对于另一些人来说，生活只是生存。想要拥有高品质的生活，想和别人不一样，一切的选择权在你手上，只有努力行动起来，才能在未来的日子里收获到想要的结果。

曾经听到老板善意地对新员工说："你现在上班感觉辛苦，要加班，还要学习，但你现在付出的努力，以后就会有收获，那个时候你会感谢现在努力的自己。"听到的大多数人只是莞尔一笑，没有真正听明白。

有些人很懒散，老板不说就不知道应该做些什么，老板说了他们也不知道自己该怎么做。当他们用迷茫的双眼看着老板时，老板只能叹息一声，手把手地教他们。

那些懒散的人，过了十年还是在做现在的工作，不会有太多改变，当然也不可能升职，更不可能成为富人。

每个人都有优点和缺点，只有通过不断学习和改变，才能变成一个出色的人。改变从自身开始，不要试图去改变别人，这是你的生活，不是别人的生活。改变第一个要战胜的就是自己，改掉自身的坏习惯，养成好习惯。未来过得好不好，取决于你今天怎么改变。面对残酷的现实，你需要在今天付出辛苦。

跟很多职场员工一样，刚参加工作的我做事不积极，完成工作就万事大吉，每天上班打卡时就盼着下班的铃声响起。工作了几年，依然拿着最低的薪金做着最烦琐的事务，工作时常陷入一种半梦半醒的迷茫状态。

有一天，公司宣布了一项制度，增加绩效奖金，只要遵守公司若干条规定的员工，这个月就可以领到500元的绩效奖金。当时我看中了一款手机，价格是2000元，一直舍不得买，如果我连续四个月拿到绩效奖就可以拥有喜欢的手机了。

我振作起来，把那款手机的图片变成我电脑的桌面壁纸，随时可以看到它，让我浑身充满动力。从那以后，我不迟到不早退，认真工作，按时完成领导交代的任务，不再拖拉。

第一个月，坚持起来很困难，习惯了散漫的日子，现在像被无形的绳索约束住了，浑身难受。可是看着电脑桌面壁纸上的手机，不敢停下来。

第二个月，偶尔会有懈怠的时候，做起来相对容易些。到第三个月、第四个月，努力工作成了我的工作常态。当我拿到绩效奖买了中意的手机时，心里非常开心，觉得工作也不是那么难，只要努力就可以得到我想要的犒赏。

尝到甜头后，我立下一个目标，带父母去海南度假。这个愿望压在心底已经很久，始终没有实现。我的工资，远远不够负担三个人的旅游费，只有在工作上提高业绩，才可以得到丰厚的犒赏。

以我之前的状态，公司不会把项目交给我做。我从小事做起，不厌其烦地修改设计方案，直到让客户满意。一个小单子，以前的我会敷衍了事，现在则不同，我会把这个小单子也完成得尽善尽美，客户满意后带来更多的客户。

我感觉到被别人认可的快乐，努力的过程让人很充实。努力了一年，我拿到足够三人旅游的奖金，带着父母去看大海，住着豪华的酒店。

站在碧蓝的海边，看着澄净的天空，还有那些如棉絮般的白云，心里那叫一个美，当然最美的是父母脸上的自豪和快乐。我的努力让我拥有带他们出游的能力，我感到非常开心。

后来，我设置新目标，再一个个去攻克。努力打拼的过程中，我完成预定的目标，还被老板升职为设计部总监。

通过努力，我修炼成一个标准的职场人。

大多数人只要有一只饭碗抱在手里，哪怕这是只破碗、泥碗，就算是碗里还有一口粥、一口汤，他们都舍不得丢弃，也没有勇气丢弃。

我们应该行动起来，就算没有获得成功，还有期待；就算没有期待，我们还可以感受到完成日标的喜悦；即使没有喜悦，我们还可以分享努力的过程，让自己感觉充实。

每个人今天的生活是昨天选择的结果。在我们的生活圈里我们会发现，有些人不管做大事还是小事都能取得成功，过着高品质的生活，有着健康的身体和良好的人际关系。他们懂得取舍，明白自己要的是什么，并且努力去争取。他们明白成功不可能一蹴而就，会在今天为了目标去改变，在明天到达梦想。

赶走心底的幽灵，不做迷茫的傀儡

人的一生，活得再漂亮也有迷茫的时候。迷茫就像一个幽灵，住在人们的内心深处，诱惑着你走进深不见底的情绪低谷。处于迷茫期的人们，看不到人生希望，继续沉沦下去，迷茫的种子在内心深处生了根，发了芽，心就陷入茫茫的黑暗里，永无宁日。

路无尽头也要坚定地走下去，心底残存的信念会支撑梦想。再艰难的路也要勇敢踏出去，然后一步步向前。

大鹏在师范学院里学的是音乐专业，毕业后在市内一家艺校找到一份工作，跟专业对口。刚开始，大鹏对工作充满热情，可是学生是中专生，非常贪玩，家长希望他们能够学一技之长，可是他们不愿意学习，课堂上死气沉沉，让人窒息。

时间一长，大鹏对工作失去兴趣，上课敷衍了事。后来，他找了份兼职，给小学生辅导作业。他每天从学校接小学生，然后给他们辅导功课，给他们发放些小零食和水果，他做得倒是挺开心。

但是一天做两份工作，让他觉得辛苦，晚上到家倒头就睡。只做了两个月，他就把兼职辞掉了，过两个月，他把艺校的工作也辞掉了。

失业在家时，他的脾气变得很暴躁，像小鞭炮一样，一点就炸。他经常与人吵架，每天胡思乱想，心情郁闷。他觉得在家极度无聊，决定重新找工作。

很快，他应聘到在一家公司的人力资源部上班，每天的工作就是整理档案，处理公司的琐碎事务。

工作清闲，待遇也不错，但他还是觉得心里空虚，感觉人生缺少目标。他舍不得放弃自己的音乐专业，对音乐有深厚的感情。

两年后，他熟悉了人力资源的流程，工作认真，被公司提拔为部门主管。业余时间，他也找到了快乐。他在网络上创办了一个音乐工作室，制作出来的歌曲被很多人喜欢。

每个人的心中都会有一个梦想，追求梦想就要付诸行动。追求梦想的过程很辛苦，不知道通往成功的路还要走多远，在残酷的现实面前，我们已经疲惫不堪。

坚持梦想需要勇气和毅力，感觉坚持不下去时就做好手边的事，梦想之光总会赶走你内心的迷茫，把你带到幸福的港湾。

远房表妹上高三，是个大大咧咧的小姑娘。每次跟她聊天时，她总是侃侃而谈，说着明星的八卦新闻、艺人的绯闻逸事、社会的时尚风向。她说得头头是道，我都奇怪她要不要参加高考。

偶尔，她也会说说她的苦恼，诉说着她的迷茫，觉得她想要的生活与现实有着十万八千里的差别，她不知道该怎么办。

我问过才知道，她面对着厚厚的课本，极度反感。她不背书不写作业。可是考试需要懂得很多基础知识，这些都需要辛苦地学习，她觉得非常压抑，只有看到那些娱乐新闻才会让她轻松起来。

我问她："你想不想考大学？"她的回答是肯定的。我继续问："不努力学习怎么能考上大学呢？"她愁容满面地说："我看到书就头疼，心里烦躁！"

我抚摸着她的头，说："没有人可以随随便便成功，'梅花香自苦寒来'这句话你听过吧。你看了那么多的娱乐新闻，那些无聊的东西占据了你的心，让你越来越迷茫，最后难免一败涂地。"她若有所思地安静下来。

她心中有考上大学的梦想，于是告诉自己："不努力学习怎么能够考上大学。"她用这句话鞭策着自己，开始认真学习。

《钢铁是怎样炼成的》里面有这样一句话："人的一生应该这样度过：当他回忆往事的时候，不会因为虚度年华而悔恨，也不会因碌碌无为而羞愧。"

每个人都会有梦想，但为了梦想要付出努力，不畏失败与挫折，才能实现梦想。看着前方遥不可及的梦想，很多人会陷入迷茫中，自怨自艾。

奎子大学毕业后去了一家制造汽车的公司工作，试用期6个月，在流水线上当工人。有20个大学同学与他一样到车间里工作。

3个月后，很多人受不了车间里艰苦的环境，讨厌简单又枯燥的工作，对前途一片迷茫。有些人选择辞职，另谋高就，只剩下5位同学还在坚持，其中包括奎子。

奎子也很迷茫，但是他觉得只要付出努力肯定会有回报，他只要好好工作就行。休息的时候，工友们喜欢围在他身边，让爱说故事的奎子给他们说些有趣的故事，放松疲惫的身体和压抑的心情。

这个时候，奎子会说些网络上流行的、有趣的见闻。每次工友们都会夸他，说："奎子，有你在车间就是好啊，我们这群人每天干活的动力就是听你说这些激动人心的见闻，让我们感到有奔头。"

他的存在让他们感到快乐，带给他们莫大的乐趣。这种被别人认可和需要的滋味，让他的自信心空前地爆满。他在车间里找到存在感，乐此不疲地为工友们带去快乐。

告别迷茫，奎子在车间里工作得越来越开心，这种快乐的心态让他的工作效率倍增，在车间里的口碑和人缘出奇地好。试用期还没满 6 个月，领导就提前把他转为正式工了。

目标是美好的，通往目标的路却充满着艰辛和痛苦。一路上，我们在不停地选择，继续向前还是放弃。

朋友想辞职，可是当真要辞职了，他却迷茫起来，不知道以后去哪里上班，也不知道自己想做哪样工作。

大学毕业的他应聘到这家设计公司拿着微薄的工资，拿了很久，经常不够用，还向别人借钱。所以他想离开，又迷茫着不知道前方的路在哪里。我劝他："既然不知道自己想做什么，那就不要辞职了，在这里把工作做好。"

后来，他没有换工作，不是没有迷茫，而是他比较懒，懒得换工作，懒得折腾，就这样在公司里坚持下来。他的专业技术非常厉害，肯学肯钻研，是公司里最厉害的设计师。

一年后，他拿到 20 万元年薪，加上找上门让他设计的客户，还能赚些外快，赚的外快比他的工资都高。他如鱼得水般越活越滋润，他的理想并不大，只要生活无忧就觉得幸福。

每个人都会迷茫，越是害怕，迷茫就会得寸进尺；越是胆怯，迷茫就越不放过你，像幽灵一样缠绕着你，让你纠结不已，做着无谓的挣扎。

我们会迷茫，是因为人生有太多的路，有太多的不确定，不知道该选择走哪条路。太多的选择反而让我们对未来感到迷茫。不管哪条路，走出来比在原地踏步强。

我们要勇敢地站起来，让自己行动起来，这样迷茫才会退缩。路是走出来的，就算是充满着艰难险阻，还会有鸟语花香。

在迷茫中反思，重新找回前进的方向

世上每个人都是独一无二的存在，每个人眼中的世界也不同。很多人感觉很迷茫，那是因为他们不知道自己内心想要什么。

浮躁的社会有太多诱惑，人们的内心充满着各种欲望，欲望太多，就会掩盖内心真正的需求。人生的旅途仿佛走进迷雾里，看不清楚前面，也不知道脚下的路通往哪里。

有一位朋友王友凯，第一次高考落榜后，复读进入大学学建筑，毕业后进入一家国企设计院，成为一名建筑师，人们称他是“木讷、无趣、固执”的理工男。

王友凯在工作上非常认真，肯钻研，没多久就可以带队竞标，也中过标，参与城市建筑项目，有独立作品。可是他感觉迷茫，不想接受世俗的生活，不想做一个本本分分的建筑师，他想改变。他说："对于建筑师来说，该做的我都已经做了。现世安稳，再做就是重复我之前做的，我不想重复过着相似的生活。"

京剧业内有句行话"不疯魔不成活"，王友凯辞去国企的金饭碗，舍去安稳又高薪的工资，开了一家咖啡馆。那时咖啡店是一个新兴的产业，他喜欢咖啡店里那种安静又舒适的氛围。

王友凯每天睡到自然醒，店里养着猫和狗，没事的时候逗弄一下。咖啡店舒缓的音乐别具情趣，他每天的任务就是看书听音乐晒太阳。

很快，理工男又开始折腾，他的第二家咖啡店生意步入正轨后，就当起了甩手掌柜，走出去换个活法。他开始徒步旅行，寻找生命的乐趣和多彩的人生。

这次旅行他花了 51 天，经历了之前从未经历的事情，风餐露宿是常态，遇到台风暴雨才发现生命的意义、活着的价值。他记着路上那些热心的朋友，还有来自陌生人的温暖。对于旅途中的人来说，别人不经意的一个小善意，也许会影响他的一生。

结束旅行后，王友凯创办了一家不打烊书店，他希望把这份温暖传递出去，给深夜在外面漂泊的人们带去温暖。

不打烊书店收留过很多失恋的、失眠的、抑郁的旅人，无家可归的流浪儿，还有一位 80 多岁还离家出走的老顽童。有好事者问："你这家 24 小时开着的书店盈利吗？"他说："只要那些在深夜里徘徊的人需要温暖，不打烊书店就有存在的理由。"

深夜，整个城市都进入梦乡，不打烊书店为黑夜点亮一盏明灯，为人们提供一个落脚点，给人们一种安慰、一种庇护，就像一个灯塔似的，指引着人们走出黑暗，走向光明。

觉得苦恼和迷茫的时候就别让自己闲下来，迷茫是因为想太多，而做太少，不要以为用脑子想来想去就可以灵光乍现奇迹出现。很多迷茫的人仿佛身处迷雾中，感觉很痛苦，想要突破，却找不到方向。

迷茫的人不知道该做什么时，往往会选择什么都不做，他们知道只有动起来，才可以走出去，却用迷茫做借口放任懒惰的情绪。

余静静可以说是位“职业学生”，没有别的爱好，就喜欢读书写作业。她高考的分数很高，听从长辈的意见报了一所好学校，学了一个好专业——土木工程。

大学四年，她每天除了学习还是学习。对未来的人生没有规划和想法，上课认真听讲，下课好好休息，吃得饱睡得着，就是一位不折不扣的好学生。

她也会感到迷茫，感觉应该做点事情，却不知道能做什么，只能躲在课本里面与世隔绝。

现实总是会到来，大四毕业开始找工作时，她的专业是很多施工单位都需要的，她很快被分配到工地上做技术员。女生很少做技术员，技术员要跟着施工单位天南地北地到处跑，住在嘈杂的工地上，长年没有休息。

刚参加工作时，她什么活都能干，什么苦都能吃，同时发挥自己“职业学生”的长处，别人让她做事就去做。她觉得反正年轻，多拼搏也不会错，做的越多，她觉得越充实。

她觉得辛苦时会安慰自己：今天的付出明天会有回报，想要以后过好日子，现在就得吃苦受累。过了两年，工地上的一切事务她都能应付自如，听着机器的轰鸣声，她就可以分辨出机器的运行情况。

很快她被领导调入办公大楼，工资和待遇也上升了两档。这是公司对她工作的认可。

她喜欢有挑战性的工作，她现在的一切都是自己努力的结果。她明白，脚下的路要一步步走，事要一件件做，走好脚下每一步，远离迷茫，才能找到自己的幸福生活。

很多人在长跑的时候脑子里只有自己的脚步，沉重又无聊的步伐让人崩溃，很难坚持到最后；那些坚持跑到终点的人，把注意力放在路边的风景上，身心得到放松和休息。

对有些人来说，迷茫是一个思考的过程，在迷茫中可以反思，找到前进的方向。迷茫并没有错，那是一种理想与现实的冲突，是选择与行动相较量。

有一位相识不是很深的朋友，由于他家里条件不好，我总想多照顾他一些，希望友情能带给他快乐，让他感觉到温暖。

一天，他对我说："你能不能借1000元钱给我？有急用。"我很少存钱，月头拿工资，月底就会花完，有时候还欠花呗或者信用卡的钱，只能坦然对他说："我身上只有300元钱，再多就没有了。"

他讥讽地说："你不想借也不用找这样的借口吧，我理解你，我只是试一下而已。"我诧异地看着他，说："你试着借钱做什么？"他很随意地回了句："好玩。"然后转身离开。

他的话刺痛了我的心，严重地伤害了我对他的真诚付出。对于他来说，友情只是拿来玩的，我心里非常难受。

经过这件事，我懂得，做人不要夸下海口，到处当好人，当别人开口求助时却又无能为力，背上一个虚伪的坏名声。感谢那位伤害我的“朋友”，他让我成长。

生活中陷入迷茫，那是在所难免的，需要慢慢地领悟。人生需要循序渐进，曲折的人生才有滋味。不经历痛苦，怎么懂得幸福；不经历风雨，怎么看见彩虹。人活着的意义就是要体验人生的丰富多彩，勇敢迎接现实生活中的风风雨雨，拥有多彩人生。

活着不容易，没有理由不精彩

人生在世，都希望有个幸福的家，做个快乐的人。现实生活中，一切都不会尽如人意，会遇到各种各样的困难和烦恼，遭遇很多无可奈何，邂逅很多恩怨情仇。

活着就要快乐地生活，不要对生活丧失信心，要努力追求理想，乐观地对待生活。事业上有好的机遇要抓住，果断决策，用智慧去完成人生理想，让人生的每个阶段都散发光彩。

学生时期，我们身边总会有学霸一样的同学存在。他们好像不用写作业，上课不做笔记，下了课就奔跑在操场上，可以谈论《王者荣耀》，也可以聊最热门的电视剧和娱乐八卦。他们好像什么都懂，什么都能说出点道理来。

这些学霸每次考试都名列前茅，网络游戏里段位最高的也是他们。询问后发现，他们成功的秘诀就是拥有强大的自制力。

他们学习的时候思想高度集中，在学校或者在家里写作业和复习功课时也是如此。强大的自制力让他们做一件事时不会想第二件事，学习效率是别人的三倍，甚至更高。

一个自制力强的人做任何事的效率都高，学知识比别人快，玩游戏也比别人强。

走上工作岗位，我们身边也有这样的同事，他们的工作能力总是比我们强，方案比我们写得好，创意比我们优秀，销售的成功率也比我们高。我们看不到他们努力，却总是被他们的成果征服。

仔细观察后发现：同样是刷微博逛网站，我在看娱乐新闻和搞笑故事，他们在寻找创意的灵感；同样是抱怨工作，我在发泄心中的不满情绪，而他们在寻找解决问题的办法；我跟别人聊天就是聊些空洞的话语，而他们通过聊天找到别人对销售的需求。

自制力就是不断地跟自己的惰性、欲望、需求等人类的本性做斗争，可以让人们抵御现实生活里的各种诱惑，专心投入事业和学习中，克服各种困难。

有时候，人们明知道做的事很困难，需要自制力来约束，却还是会失控。比如说，我们知道减肥要少吃多运动，实施过程中，会用自制力督促自己去做，却又一次次放弃。最后，减肥失败，管不住嘴，做不到不吃零食也懒得去运动。

只有自己强大起来，才可以坚定不移地走向目标，任何事都无法阻挡前进的步伐。

一位农民，家里很贫困，初中读了两年就辍学回家，帮父亲种地养活家人。在他 19 岁时，父亲去世了，家里的所有重担都压到他的身上。他要照顾生病的母亲，还有瘫痪在床的祖母。

他把水田挖成池塘想养鱼致富，可是村里人告诉他："水田不能养鱼，只能种庄稼，你要把坑填平。"这事成了一个笑话，而他成了人们眼里一个想发财又很笨的人。

听说养鸡赚钱，他问亲戚借了钱，养起了鸡，可是一场洪水过后，鸡得了鸡瘟，全部死光。后来，他又酿过酒，捕过鱼，还去悬崖上帮人打炮眼，可是都没有赚到钱。

35 岁时，他没有钱娶媳妇，可是他还想为了生活搏一搏，就到处借钱买了一辆拖拉机。可是上路不到半个月，拖拉机就冲入一条河里，还轧断了他的一条腿，他成为瘸子，拖拉机被捞上来后只能当废铁卖。

人们说他这辈子不会再有出息。可是让人们大跌眼镜的是，后来的他成为这个小城市一家公司的老总。

有很多媒体采访过他，一位记者问："在苦难的日子，是什么让你一次又一次地失败也不退缩？"他拿起桌上的玻璃杯，反问记者："如果我松开手，这只杯子会怎么样？"记者说："玻璃杯摔在地上肯定碎了。"他说："那我们试试。"

他手一松，杯子掉在地上发出清脆的声音，却一点没碎，完好无损。他笑着对满脸疑惑的记者说："这不是普通的玻璃杯，它是玻璃钢制成的。"

有些人，只要活着，就会想办法抓住成功的机会，让生活变得精彩纷呈。

人需要学会坚强，生活处处需要阳光，但阳光来临之前总会经历黑暗，我们要坚强地面对一切困难。坚持自己心中的想法，就算努力的过程中没有人为我鼓掌，我也会坚持理想，为自己鼓掌，不能因为困难就轻易放弃。

在不完美的世界里，我们要淡然面对困难，把握手中的机会。不管遇到什么样的状况，都要去拼搏。人生会有很多梦想，能够实现的少之又少，要用平常的心态看待失利。尽力去做，我们就有机会得到成功，还可以感受生命的充实和满足。

有这样一个故事：

有一个人在森林里游玩，突然遇见一只饥饿的老虎，他用最大的力气快速逃开，但是老虎紧追不舍。他一直跑到悬崖边上，老虎跟在后面。他想："被老虎活活咬死，还不如跳下悬崖，说不定还有一线生机。"

他纵身跳下悬崖，幸运地挂在一棵树上，那是一棵长在断崖边的梅子树，上面结满梅子。这时，他听到下面响起一声吼叫，他往下看去，吓了一跳，崖下有一只狮子正抬头看着他。转念一想，他反而放心了，反正都是死，被谁吃掉都一样，想那么多也没用。

这时，他听到一阵细小的声音，抬头一看，两只老鼠正在用力咬着梅子树的树干。他心里一阵惊慌，不过转瞬就放下心来，他想着，反正都是死，不如不去想，让自己开心点就好。

心情平复下来，他感到有点饿，就采着梅子树上的梅子吃了起来，吃饱后就在树上找了根枝丫休息。他想着："迟早要死，不如好好睡一觉，在梦中死去也是人生一大幸事。”想着想着，他就睡着了。

等他一觉醒来，老鼠、老虎和狮子都不见了，他顺着树枝慢慢地攀登上悬崖，脱离了险境。

在他睡着的时候，饥饿的老虎按捺不住，大吼一声，跳下悬崖。树上的老鼠被老虎的吼声吓到，惊慌地逃走了。落到崖下的老虎与狮子展开搏斗，都负伤而逃。

人的一生就是如此，苦难像饥饿的老虎一样追赶着我们，死亡就像狮子一样在尽头等待，老鼠咬着我们生存的树。尽管世界如此残酷，我们也要享受树上甜美的果实，享受自己的甜美生活。

小草把绿色献给缤纷的春天，随风摇曳出它的精彩；花开不是为了凋谢，而是把美传递给人们，让人们感受到生命的喜悦之情。我们也要让生命活得有意义，拼搏出新的生活。既然要搏，就搏出个辉煌的人生；既然要活，就活出精彩的人生。